小・中学生のための

＼勝てる！ 強くなる！／

スポーツ選手の栄養満点ごはん

忙しいママでも大丈夫！ 時間をかけずにつくれる強壮レシピ

監修：河谷彰子（管理栄養士）

日東書院

はじめに

大好きなスポーツに励んでいるお子さんをサポートする親御さんが頭を悩ませていることの一つに、食事があると思います。何をどうしたらよいのか、いろいろな情報がありすぎて……という方もいらっしゃるでしょう。

プロのアスリートは、食事をトレーニングの一部として大切に考えています。

そうした「アスリート食」は、特別な食事ではありません。「健康を維持するための食事」に少しだけプラスしたのが、ジュニア期のアスリート食です。

健康を維持するための食事とは、ご飯、おかず、野菜の3点が揃った食事です。これはどんな人にとっても大切な食事バランスです。

さらに、小学生であれば、1日2回を目安に乳製品と果物を、中学生なら、1日3回乳製品と果物を食べる、というようにプラスしていきます。

トレーニングなしでパフォーマンス向上はありません。また、「スポーツ食」を食べたからと言って、パフォーマンス向上や勝利に直結するわけでもありません。

食事とトレーニングはセットであり、「食事はトレーニングの一部」であり、体づくりです。

お子様には、「もっと食べなさい」ではなく、「牛乳を飲むと背が伸びるみたいよ」などのように、食べようかなという心をくすぐる声かけをしてほしいですし、何を、どれくらい食べたらよいか具体的に伝えていただきたいところです。

ぜひ、この本をお子さんと一緒に読んでください。そして、ご家庭での食生活の見直しに少しでも役立てていただければと思います。

河谷彰子

スポーツ食の基本的な考え方

スポーツ食は年代によって考え方が少しずつ異なります。
お子さんの年齢によって、取り入れていくといいでしょう。

食事バランス

健康を維持する「基本の食事」
ご飯・おかず（肉、魚など）・野菜をそろえた食事

食事量

年齢、体型、運動量などによって変わってくる

スポーツをしている小学生

トレーニング量に
食事量は
あまり左右されない

「基本の食事」をおさえよう。
乳製品は
一日２回が目安。

スポーツをしている中学生

スポーツ食の導入
３食に「基本の食事」＋
乳製品を取り入れる

成長期。
３食＋補食で
食事量を調整する。

本書はここを大きくサポートします!!

スポーツをしている高校生

成長スピードに
個人差の多い年代のため、
体重（とくに筋肉量）を
目安に食事量を
決めるとよい

スポーツ食本番の時期。
筋量アップのメニューや
持久力アップのメニューで
積極的に食事とトレーニングを
連動させて体づくりを。

トレーニングを後押しする食事

トレーニング効果を最大限に得るためには、
食事と休養（睡眠や体のケアなど）が大切です。

目次

第2章
パフォーマンスアップに！
目的別レシピ栄養満点ごはん

試合スケジュールに合わせた食事ポイント早見表付き

紀州梅

第1章

栄養満点ごはんのルール

主食、主菜、副菜。そして乳製品に果物。
食事に一番大切ないくつかのポイントをしっかりおさえておきましょう。
バランスさえおさえていれば、献立づくりもラクになります！

これだけでバランス食に！

食事のコツは「5要素」をそろえること

健康の維持においておさえておきたいのは食事です。
主食（ごはん）・主菜（おかず）・副菜（野菜）の3つ。
これに乳製品（＋果物）をそろえると、スポーツ食になります。

成長＋「勝つ」ために バランスのよい献立を

スポーツをしている子どもたちにとって、練習で技術を高めることと同時に大切なのが、毎日の食事です。健康な成長のためにも、試合に勝つためにも、しっかりと食事をとることが必要です。

まずは、よい栄養バランスをおさえておきましょう。十分な栄養素を補給するためには、栄養バランスのよい献立を心がけることが必要です。

「5つ」の要素を そろえる

まずおさえるべきことは、毎食に5つの要素をそろえる、これだけです。

① 主食
ご飯、パン、めん類など

② 主菜
肉、魚、卵などのおかず

③ 副菜
野菜、海藻など

この3つは、健康を維持する食事にも共通します。

さらに、スポーツ食の場合には、

④ 乳製品
牛乳、ヨーグルトなど

⑤ 果物
果物はなくてもOK。
小学生は乳製品（果物）は1日2回。
中学生は乳製品（果物）は1日3回。

この2つを加えます。

これから活動する朝こそ、この5つの要素をそろえましょう。朝食を充実

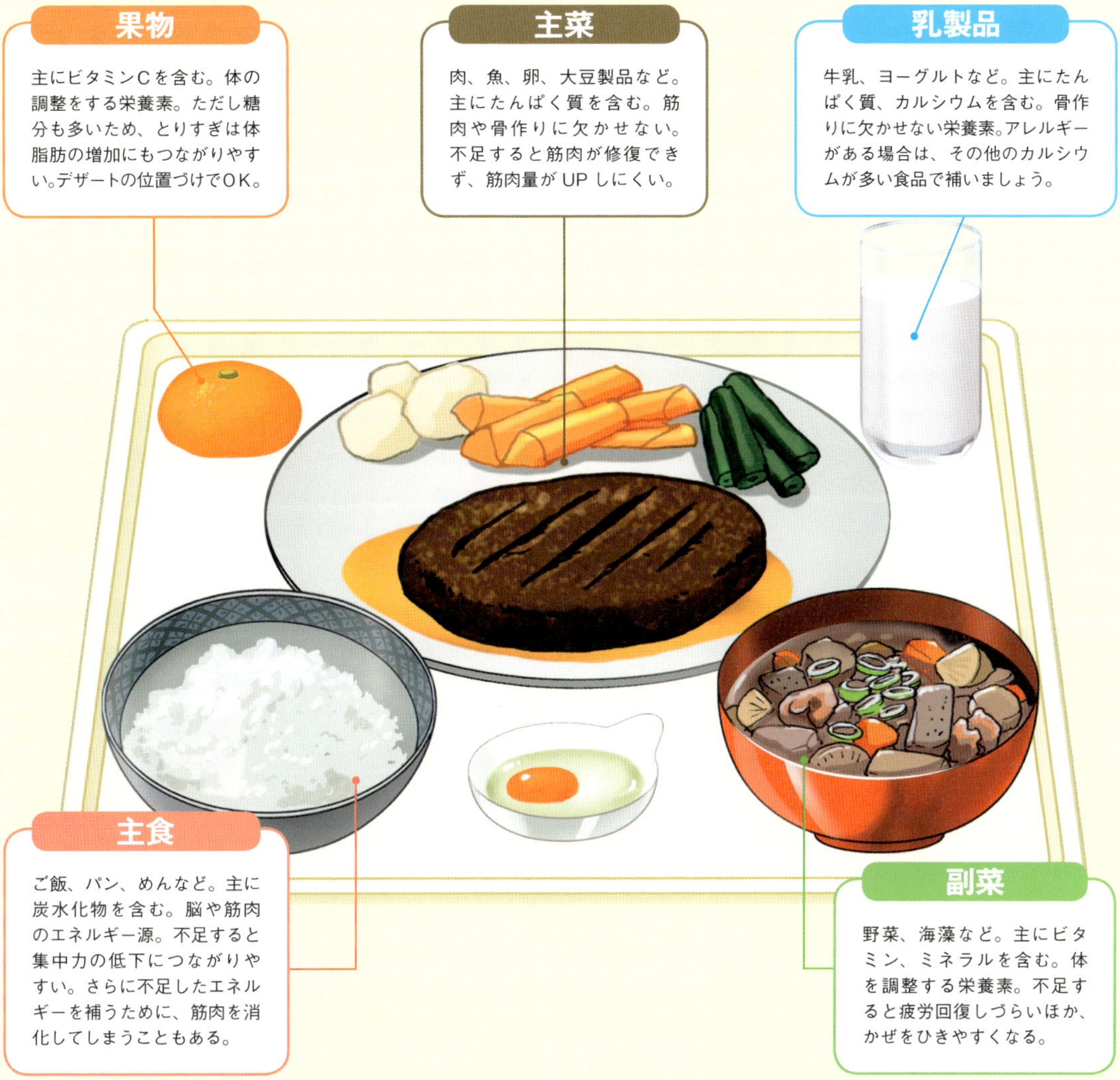
果物
主にビタミンCを含む。体の調整をする栄養素。ただし糖分も多いため、とりすぎは体脂肪の増加にもつながりやすい。デザートの位置づけでOK。
主菜
肉、魚、卵、大豆製品など。主にたんぱく質を含む。筋肉や骨作りに欠かせない。不足すると筋肉が修復できず、筋肉量がUPしにくい。
乳製品
牛乳、ヨーグルトなど。主にたんぱく質、カルシウムを含む。骨作りに欠かせない栄養素。アレルギーがある場合は、その他のカルシウムが多い食品で補いましょう。
主食
ご飯、パン、めんなど。主に炭水化物を含む。脳や筋肉のエネルギー源。不足すると集中力の低下につながりやすい。さらに不足したエネルギーを補うために、筋肉を消化してしまうこともある。
副菜
野菜、海藻など。主にビタミン、ミネラルを含む。体を調整する栄養素。不足すると疲労回復しづらいほか、かぜをひきやすくなる。

させるだけで体型が変わる選手もいるくらいです。

覚えてしまえばラク コンビニ食でもOK

　この5つの要素をおさえておけば、市販のおそうざいでも、バランスのよい献立にすることができます。

　5つの要素のうち、乳製品と果物は、間食として分けて食べるのもOKです。

牛乳

欠かさずとろう！

栄養の役割と7大栄養素

活動と成長のための栄養素、きちんととれていますか？

子どもにとって食べるのが苦手で不足しがちな栄養素もあります。

基本の栄養素にはどんな役割があるのか意識しましょう！

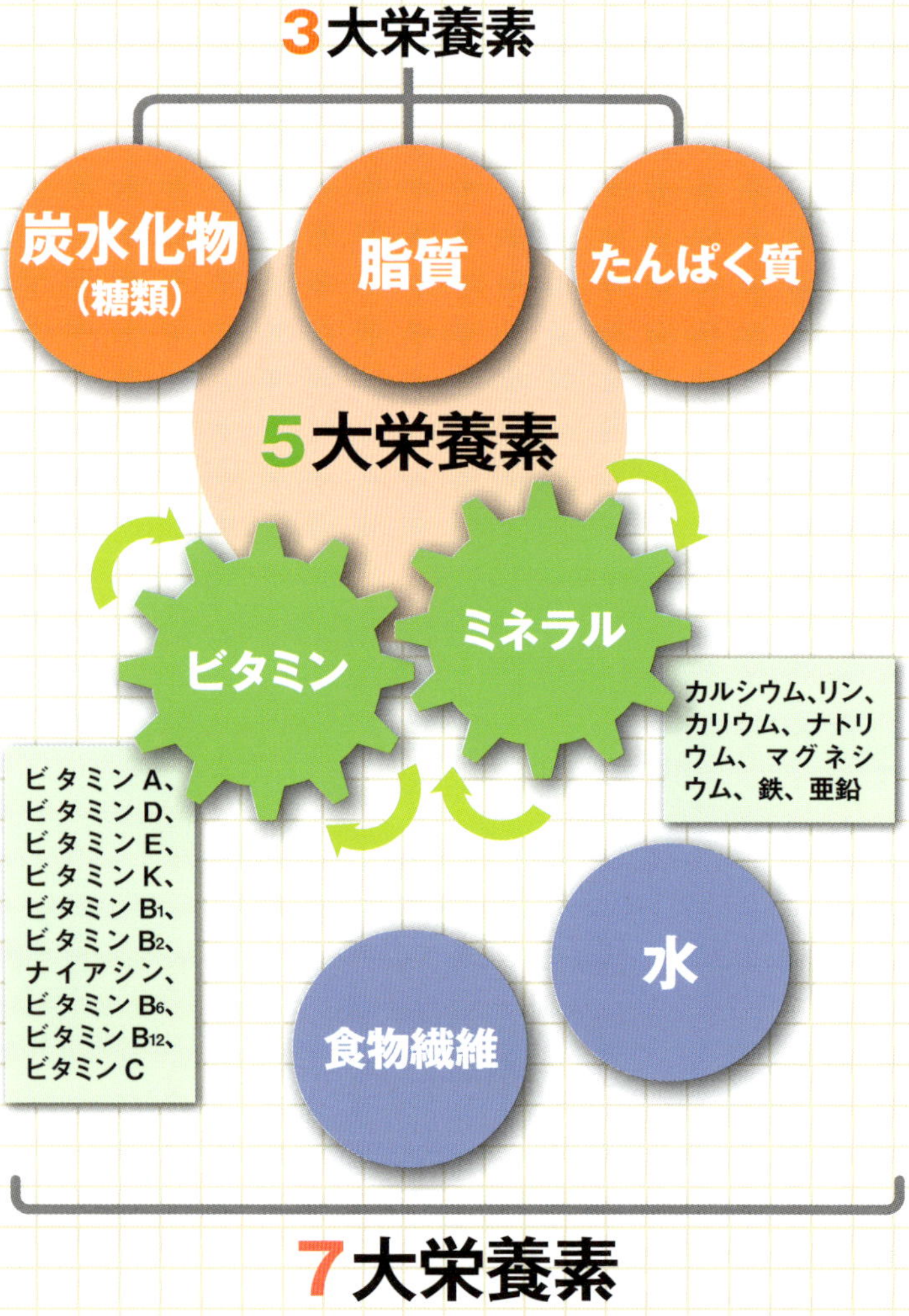

3大栄養素
炭水化物（糖類）
脂質
たんぱく質
5大栄養素
ビタミン
ミネラル
カルシウム、リン、カリウム、ナトリウム、マグネシウム、鉄、亜鉛
ビタミンA、ビタミンD、ビタミンE、ビタミンK、ビタミンB_1、ビタミンB_2、ナイアシン、ビタミンB_6、ビタミンB_{12}、ビタミンC
水
食物繊維
7大栄養素

3大栄養素＋ビタミン、ミネラル 水、食物繊維

さまざまな栄養素がありますが、どの栄養素も生命維持に欠かせません。3大栄養素はエネルギー源になるものでたんぱく質・脂質・炭水化物の3つ。これにビタミンとミネラルが加わると5大栄養素、さらに食物繊維と水が加わると7大栄養素と呼びます。

栄養素を一つひとつ見ていると、何をどのように改善したらいいのかわからなくなりそうですが、「基本の食事」を毎食食べていれば、基本的に問題ありません。例えば、野菜はまずは食材から食べましょう。野菜ジュースを飲んでも、ビタミン類はとれても、食物繊維はとることができません。

エネルギー源になる

体を作る

体の調子を整える

たんぱく質
筋肉、骨、血液などを作る　4kcal/g
肉、魚、卵、牛乳、大豆製品など

脂質
効果的なエネルギー源　9kcal/g
サラダ油、バター、オリーブオイルなど

炭水化物
主にエネルギーとして利用
脳と筋肉を動かすエネルギー源　4kcal/g
ご飯、パン、めん類、イモなど

ビタミン
体を正常に保つさまざまな働きをする

- **ビタミンA**
  皮膚、粘膜などを正常に保つ
  緑黄色野菜、レバーなど
- **ビタミンB_1**
  糖質をエネルギーに変える潤滑油
  豚肉、玄米など
- **ビタミンC**
  骨や筋肉の強化、かぜをひきにくくする
  野菜、果物など

ミネラル
体の機能を調整する栄養素

- **カルシウム**
  骨や歯を作る
  牛乳、小魚など
- **鉄分**
  血液の材料となる
  レバー、ひじき、ほうれんそうなど

食物繊維
腸内環境を整える

- **水溶性**　野菜・海そう類・こんにゃく・果物
- **不溶性**　穀類・根菜類・イモ類・野菜・果物

水
体温調整・代謝全ての調子を整える

※エネルギー量(kcal)＝たんぱく質(g)×4＋脂質(g)×9＋炭水化物(g)×4

主食こそパワーの源

まずはご飯が大切！たくさん食べよう

「なかなか体が大きくならない……」その原因は
ご飯が足りないからかもしれません。
まずはご飯量の見直しから始めましょう！

ご飯の量をしっかり これがスポーツ食の基本

「体がなかなか大きくならない」「背が伸びない」といった悩みがある子どもの食事内容を確認すると、ご飯、めんなど主食の量が少ないというケースがよくあります。

　エネルギー源である主食の炭水化物が不足すると、エネルギー不足が起こった時、やむをえず緊急手当てとして、体内のたんぱく質（筋肉）をエネルギー源として使ってしまいます。スポーツで体を鍛えているのに、筋肉量が増えない、もしくは減少につながってしまうということになります。また、身長が十分に伸びないことにも影響します。

　まずは、必要量の主食を食べて、トレーニングで消費するエネルギー量を補うことが大切です。

エネルギー補給はスムーズな疲労回復にもつながります。

主食の おすすめはご飯

主食におすすめなのは、お米のご飯です。おすすめの理由は、

❶ 腹持ちがよい
❷ 余分な脂肪分や糖分のとりすぎを防ぐことができる
❸ いろいろなおかずと組み合わせやすい

この3点です。

また、お米には炭水化物だけではなく、意外とたんぱく質が多く含まれています。ちなみに、コンビニのおにぎり2.5個分のご飯（約２５０ｇ）には、卵約1個分のたんぱく質が含まれています。

　さらに、お米のご飯は、炭水化物をエネルギーに変える時に欠かせないビタミンB_1も含んでいます。とくに、玄米や、胚芽米に多く含まれているので、白米に3分の1ほど混ぜて炊くのもおすすめです。

●スポーツを行っているときに必要な１食の主食量の目安

	小学生	運動部に所属の小学生高学年	運動部に所属の中学生	運動部に所属の高校生
ご飯	茶わん軽く１膳（約200ｇ）	茶わん1.5膳（約250ｇ）	どんぶり１膳（約300ｇ）	どんぶり１膳強（約350ｇ）
6枚切り食パン	約２枚	約2.5枚	約3枚	約3.5枚

ご飯、パンにはたんぱく質がこんなに含まれています！

	エネルギー	たんぱく質	脂質	炭水化物	ビタミン B_1
卵１個	76Kcal	6.2g	5.2g	0.2g	0.03mg
精白米ご飯どんぶり１膳	504Kcal	7.5g	0.9g	111.3g	0.06mg
玄米ご飯どんぶり１膳	495Kcal	8.4g	3g	106.8g	0.48mg
６枚切り食パン３枚	475Kcal	16.7g	13.2g	84.1g	0.13mg

とくに玄米にはビタミンB_1も豊富

一度に食べられないという場合は？

小食で、大盛りご飯が苦手、一度にそんなに主食を食べられない、という子もいます。その場合は、３食以外におやつ（補食）を、お菓子などでなく、ご飯、パン、めんを食べて、１日分の主食量にするのもひとつの方法です。

さらに、炭水化物を多く含む、バナナ、イモ類も補食としておすすめです。

また、１食に、ご飯とパン、ご飯とめん類など、主食を組み合わせると味にバリエーションが出て、食事量を確保しやすくなります。

主食のご飯をたくさん食べるための食べ方例

これならご飯をもりもり食べられる！

1 補食をおにぎりに

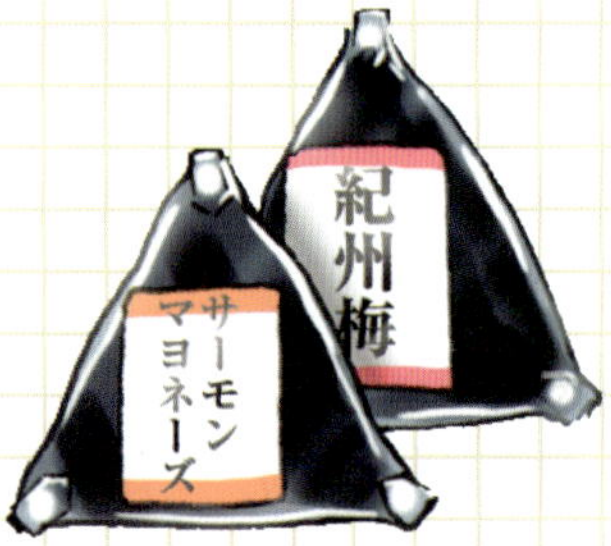

おにぎりはもっとも優秀な補食と言えます。コンビニのおにぎりでもOKです。

2 普通盛りを大盛りに変える

機会を見て、子ども用の茶わんを大きめの茶わんに変更するのもいいでしょう。

3 ご飯がすすむアイテムを常備

- 梅干し
- 漬けもの
- のり
- ふりかけ
- 鮭フレーク
- しらす
- そぼろ
- ごま塩

おかずや汁物だけでなく、ちょっとしたご飯のおともがあるとご飯はすすみます。子どもにとってご飯がすすむアイテムを常に用意しておくとよいでしょう。市販のものでもOKです。

ご飯をおいしく食べる　子どもに人気のごはん

卵かけご飯

卵かけご飯は子どもが好きな食べ物のひとつです。味付けのりなど好みのアイテムと合わせてもおいしいです。

卵＋納豆ご飯

卵と納豆を合わせるとたんぱく質もさらにアップすることができます。あとは副菜を用意すれば「基本の食事」になりますね。

オムライス

ご飯にツナや肉類とミックスベジタブルが加わりさらに卵。つまり「基本の食事」がそろっています。さらに彩りも鮮やかで食欲アップメニューの1つです。

五色丼

五色丼▶作り方 P.39

色彩をカラフルにすると食もすすみます。ビタミン類をとれるメニューです。お弁当にもおすすめ！

カレーライス（ドライカレー）

ドライカレー▶作り方 P.66

誰もが好きなカレーライス。スパイシーな香りが食欲をそそります。苦手な食材を少し入れてもカレーの味が食べやすくしてくれます。

親子丼

卵でとじる丼ぶりものはご飯もおかず（鶏肉＋卵）も食べられる人気メニューです。試合前日にもおすすめのメニューです。

足りていますか？

疲れを取るためにも野菜はもっと必要！

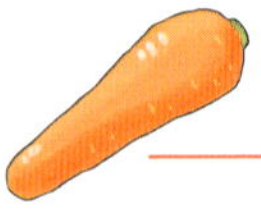

そもそも日本人は野菜不足。
野菜はお腹をそうじする「タワシ」のようなもの。
疲労回復のためにも必要な食材です。

10歳以上は大人と同量の野菜が必要

野菜は、体のさまざまな調整をするビタミンを多く含む食品の代表です。ビタミンが不足すると、体調を崩してしまうことにもつながります。

左の表は、スポーツをしている、していないに関わらず、すべての人が食べておきたい1日あたりの野菜量の目安です。10歳以上は350g以上が必要。この量は、大人が1日あたり必要とされている量と、同じ量です。国民健康栄養調査（厚生労働省）の結果では、成人の野菜を食べている量は300gを切っています。

	1日に必要な野菜量の目安
3～7歳	270g
8～9歳	300g
10歳以上	350g

そして、運動をする方は、消費するエネルギー量が多くなるためそれ以上が必要です。

スポーツをしている人がたくさんの野菜をとらなければならない理由は、エネルギーを生みだす過程で、各種ビタミンが、エネルギー産出の潤滑油の役割をしているためです（特にビタミンB群）。

1日に必要な野菜量は健康を維持するためにジュースではなく食材からとりましょう。それ以上であれば野菜ジュースでもOKです。

野菜嫌いのお子さんもいらっしゃるでしょうが、「アスリートには野菜が必要」ということを伝えて、少しでも多く食べられるようにしていきましょう。

毎食にサラダ＋もう１品野菜料理を

毎食にサラダ

生野菜なら

両手一杯

100g

具だくさんの
汁物やおひたし

**火を通して
小さくなると……**

片手１杯

100g

⚠ 要注意

緑黄色野菜を たっぷりとろう

野菜の1/3～1/2量はビタミンAを含む緑黄色野菜だと理想的です。十分な野菜量をとれない場合は、緑黄色野菜を中心に食べましょう。

ほうれんそう、小松菜、にんじん、ピーマン、パプリカ、カボチャ、ブロッコリー、ニラ、トマト、オクラ、さやいんげん、アスパラガスなど

⚠ 要注意

野菜ジュースには 要注意

「野菜ジュースを飲んでいるから大丈夫」と思っている方がいらっしゃいますが、そうではありません。野菜ジュースでは、お腹のおそうじをする食物繊維は十分にとれません。また、飲みやすい野菜ジュースには、果汁が多く含まれ、糖分量をとりすぎてしまうことも。原材料やエネルギー量、炭水化物の量を比較して、できるだけエネルギー量、炭水化物量の少ないものにしましょう。

野菜はジュースより
食材から食べよう

野菜のおいしい食べ方例

これなら苦手な野菜も食べられるかも？

苦手克服のヒント

苦手な食材でも、好きな料理や味つけだと食べやすくなります。
さらに、実際に料理するなど、料理作りに関わると、苦手な食べ物にチャレンジしようと思いやすくなります。

1 子どもの好きな料理に入れる

- オムライス
- カレーライス（ドライカレー）
- やきそば
- ハンバーグ
- ぎょうざ

ドライカレー▶作り方 P.66

カレーライスはご飯をたくさん食べられる代表メニュー。ドライカレーは通常のカレーより脂肪分が少ないのでおすすめ。

具だくさん
メニュー

2 よく登場するメニューに入れて嫌いな食材への味の抵抗感を軽減する

肉巻き野菜▶作り方 P.61

子どもの好き嫌いは食わず嫌いも多いものです。できるだけ普段のおかずの素材に使い、野菜の味を覚えさせましょう。

3 食感が苦手な物は料理の際に工夫する

例 ナスの歯ごたえが少ない食感が嫌い	→ 大き目に切り、素揚げにして炒め物に入れ、かみごたえを残す
例 魚はパサパサして嫌い	→ あんかけにして水分を加える

調理法を変えただけで、おいしく食べられる食材があります。いつもの料理を変えてみましょう。

4 具だくさん汁に

けんちん汁など、具だくさん汁はおすすめ。夕食用をたくさん作って朝食にしても OK。

イワシのつみれ汁▶作り方 P.43

⚠要注意

かぜをひきやすい、足がつりやすい人は野菜嫌いが多い!?

　学生アスリートを対象にしたスポーツ食セミナーで、「かぜが引きやすい人はいますか？」「足がつりやすい人はいますか？」と手を挙げてもらうことがあります。そのどちらにも手が挙がる人には野菜嫌いの人が多いように感じます。

　これには、いろいろな理由が考えられます。野菜そのものを食べることが、

❶水分補給につながる。

❷ビタミン類のみならず、カリウムなどのさまざまなミネラルをとることができる。

などの理由です。

　このように、食べたほうがよい理由を伝えて、子どもにチャレンジしてみようという気持ちを起こさせること、そして何より、食べなくても出し続け、家族がおいしく野菜を食べている姿を見せ続けることは非常に大切です。

朝でその日の元気が決まる！

まず朝食から改善しよう!!

朝から「基本の食事」をそろえましょう。
朝食内容に改善の余地がある方が非常に多いです。
自分の食事で不足しているものを把握して、改善していきましょう。

食事改善の最短距離は「朝食から5つの要素」

眠くて食べられない、学校に遅れそう、食欲がないなど、朝が苦手な子どもは多いものです。家庭の事情もあって、朝ご飯を作る時間がない、食べる時間がない、という場合も多いと思います。

しかし、成長期の体づくり、しかもスポーツをやっている子どもにとっては、朝食こそ、最も大事にしたい食事です。

一般的に、1日の中でも食事量が少ない傾向にある朝食は、改善の余地がたくさん詰まっている食事とも言えるのです。

だからこそ、朝食内容を充実させることが最短の食事改善方法となります。

なにかと忙しい朝ですが、上手に手抜きをしながら、朝から5つの要素を取り入れてみましょう。

脳が目覚めるためにはまず、ご飯！

脳のエネルギー源である炭水化物をとることは朝食においても重要。

朝食を食べなかったり、不十分だったら、頭はぼんやりして午前中の授業に集中できません。朝練があれば、けがを招くことも……。

また、ある調査で、成績のよい子は朝食をしっかり食べているという結果もあります。

忙しい朝こそしっかりご飯！　昼食までの腹持ちがよいので、お米のご飯をおすすめします。

前日から炊飯器をセットしておけば、パン食より面倒がありません。

朝食に野菜を食べるヒント

朝食にも野菜を食べたほうがいいけれど、朝に野菜を切ったり洗ったりするのはめんどうという方に、前日に具だくさんの汁ものをつくっておくことをおすすめします（19 ページもご参照ください）。

手軽にインスタントの味噌汁の中に、電子レンジにかけた野菜を加えるのでもOKです。

乳製品
牛乳は冷蔵庫から出すだけ

バナナミルクやフルーツヨーグルトにして**乳製品＋果物を1品に**するのもおすすめ

果物
エネルギー補給にもなるバナナも朝食におすすめです

主菜 **副菜**
卵かけご飯
納豆かけご飯

朝食にたんぱく質を食べると、体のウォーミングアップに

たんぱく質は、消化される時、炭水化物や脂質を消化するよりも体温が上がります。ということは、朝食にたんぱく質のおかずを食べると、体温が上昇し、ウォーミングアップにつながります。

おすすめは、卵かけご飯や納豆かけご飯。主食と主菜を一緒に食べることができて、料理の手間もありません。朝食の鉄板メニューにいかがでしょうか。

朝のたんぱく質
↓
体温UP！
↓
体のウォーミングアップに

毎日の食事にメリハリを

食のバランスが崩れる時は その前後で調整!!

バランスのよい毎日の食生活は大切ですが
楽しく食べることも食事の大切な要素です。
楽しい食の優先によるバランスの崩れの対処法を教えます。

いつもの食事管理に戻せるのなら大丈夫

毎日栄養バランスのよい食事をとり、規則正しい生活をすることは大事ですが、家族とのレジャーやお友だちと遊ぶ時、食事のバランスが崩れることもあるでしょう。それを、「時たまの気分転換」と考えて、またいつもの食生活にもどせることこそ、自己管理がしっかりできているということです。

「たまに」の頻度とタイミングに気をつけて、体重の値を参考に食事をコントロールしましょう。

絶対に食べていけない食品はありません

誰だって好き嫌いはあります。体に悪い食べ物とわかっていても、どうしても食べたくなってしまうこともあるでしょう。

でも、少しでもスポーツで強くなりたい、と思っているお子さんなら、「自分はスポーツのために食事も気をつけるんだ！」という意識を持つことは大切です。苦手な食べ物を食べようと努力したり、欲求をうまくコントロールすることは、自己管理能力を高めるためにも重要です。

小さい頃の食習慣は、成人してからの生活習慣や健康にも、とても大きな影響を与えます。子どもの頃に身につけた食習慣は一生の財産です。

食べたほうがよい理由と食べないほうがよい理由を知ろう

ファストフード、スナック菓子、甘いお菓子、ジュースなどのジャンクフード好き、また、魚や野菜は嫌いで肉ばっかり、というような偏食……。

こうしたよくない食べ方は、急には変えられないものです。

けれど、やめられないから仕方がないと放置していては、食の偏りは直りません。

体によいけれど、あまり好きではないものは誰にでもあります。

食べたほうがよい理由や食べないほうがよい理由を知ることで、少しずつ偏りをなくしていきたいところです。

食べたほうがよい理由と、食べないほうがよい理由をどのように考え、判断したらいいのか、例をいくつか紹介しましょう。

こんなときはどう考える？

ケース 1

普段の食事

おなかがすいたけど、食事の準備がまだなので、お菓子でつないでよい？

甘い物を食べると、急激に血糖値が上がり、食欲を減退させてしまいます。食事の一部となる、おにぎりなどを食べておきましょう。

ケース 2

明日は試合があるという日の食事

焼肉食べ放題で沢山食べてもいい？

脂肪分の多い部位（焼くと脂がボタボタ落ちる部位）は控えめにしておきましょう。ご飯や冷麺など、炭水化物をいつもより多めにして焼いた野菜やサラダも食べましょう。

ケース 3

大きな試合を終えて、疲れている日の食事

試合後に疲れてしまって食べられない。ゼリー飲料だけでいい？

疲労回復を促すためにも「基本の食事」をおさえておきたいところ。丼ものや、カレー・オムライスなど一皿にご飯・おかず・野菜がそろっていると食べやすいです。

Point

コンビニを利用するようになる頃に、何を選んだらよいのか、また、食べたいと思っても、それが許される状況なのか、こういった判断ができるようになっていたいですね。

「寝る子は育つ」はホント！

ぐっすり寝て、スッキリ目覚めて身長も伸びる！

熟睡・快眠のための食事

朝なかなか起きられない…という悩みの原因は、もしかしたら食事！？

ごちそうでパワーをつけてほしい……

その親の思いが逆効果になっていることも！

夕飯は油を控えた食事で消化時間を短縮

睡眠は、健康な体づくりに欠かせない大切な要素。とくに、身長が伸びる可能性を引き出す大切な要素です。

スポーツをやっていればなおのこと、しっかりと疲労をとるためにも、ぐっすりと寝ることが必要になります。

できれば、寝る3時間前までに食事を終わらせておきましょう。

3時間とは、胃での消化がある程度終わる時間です。とくに、夕食が遅い場合は油や脂肪の多い食品や料理は消化に時間がかかるため、控えるとよいです。疲れている時にパワーをつけようと、トンカツや唐揚げを遅い夕食に食べると、消化が悪く、睡眠の質を下げてしまいます。

練習から帰ってくる時間が遅く、どうしても3時間前に夕飯を終えることが難しい場合は、夕食メニューの揚げ物を控え、ドレッシングをノンオイルにするなど、油（脂）を控えましょう。

快眠につながりやすい食材とは？

アミノ酸の1種であるトリプトファンをとると、快眠につながりやすいと言われています。

トリプトファンが多く含まれている食品には、牛乳などの乳製品、魚介類、肉類（とくに鶏肉）、卵、納豆や豆腐などの大豆製品、バナナ、玄米、ごまなどがあります。

寝る前にホットミルク、とよく言われますが、このように理由があるのです。

快眠のための夕食メニュー例

- 玄米を 1/3 混ぜたご飯
- 納豆
- 焼き魚又は
  チキン照り焼き
- ほうれん草ごま和え

快眠効果がある
といわれる
トリプトファン
が豊富！

カフェインが含まれているものは避ける

× コーヒー、紅茶
緑茶　ウーロン茶

○ 麦茶　ほうじ茶

睡眠とトレーニング

遅い時間までトレーニング

↓

夕飯

↓

すぐ眠れない

↓

朝起きることができない
朝食を食べることができない

さらに……

トレーニングによって、心身を興奮させる交感神経が優位に働いており眠くなりにくいため。

対策

- 部屋の電気を真っ暗にする
- 外からの光が入ってこないようにする
- テレビやゲームの光をシャットアウト

携帯電話、
スマホに注意！
家庭でルールを
決めましょう

⚠ 要注意

睡眠不足になると出なくなる大事なホルモン

体を成長させたり、トレーニングで傷ついた筋肉を修復させる働きをしているのが成長ホルモンです。この成長ホルモンは、夜間、熟睡している間に分泌されます。しっかり睡眠をとらないと、成長ホルモンが十分に分泌されず、筋肉の修復、疲労回復が十分にできなかったり身長が伸びないなどの悪影響が出る場合があります。

さらに、夜遅くまで起きていると、お腹がすいて、お菓子やジュースを食べたり飲んだりしてしまうということにもつながりやすいので注意しましょう。

毎日体重をチェックしよう!

年代や体格で食事量は違う

人によって成長の速度も違えば、運動強度も違います。
年代別に合った食事を基本に、食事量を増減しましょう。

体重をまめに量って食事量を調整

〝周りの選手と同じだけ食べているのに大きくならない〟

こういった話を体の大きな選手からよく相談されます。

筋肉量に比例して食事量は増減します。

成長するにつれて、個人の体格差は大きくなり、成長の速度も人それぞれです。年代別に食べておきたい食事量の目安（27ページ表）を参考にしてみましょう。

また、トレーニング量によっても摂取エネルギー量は変わってきます。

1回に食べきれない場合やトレーニング量が多かった日（または多い日）は、3食にこだわらず補食で食事量を増やしましょう。

体重が落ちていたら食事量を増やす、増えていたら控える、といったように毎日体重を量りながら食事量を調整することはとても大切です。

持久力、瞬発力……運動能力も食事でアップ

日々のトレーニングは、体を刺激し、少し傷つけます。それを修復するのが日々の食事です。

けれど、十分な食事がなされないと、筋肉の修復がなされないため、トレーニングが強い体づくりにつながらず、トレーニング効果を後押しできなくなってしまいます。

2章では、持久力、筋力、瞬発力など、パフォーマンス向上のための食事のとり方、メニューを紹介しています。「この食べ物を食べると持久力がつくよ」と言った声かけをしながら、ぜひご家庭で体が強くなるスポーツ食にチャレンジしてみてください。

「食べる」ことが「強くなる」「勝てる」ことにつながりやすいということを伝えて、お子様のモチベーションアップにもつなげましょう。

年代別に食べておきたい
１日の食事量の目安

表に記載されている食事量はあくまでも目安です。
体重を参考に、自分に合った食事量を探っていきましょう。

	小学生 1,350～2,250kcal	運動部に所属している 小学生高学年 2,550kcal	運動部に所属している 中学生 2,750～3,000kcal	運動習慣なしの 大人 1,800kcal
ご飯	茶わん 軽く１膳×3 （食パン２枚）	茶わん 1.5膳×3 （食パン2.5枚）	どんぶり １膳×3 （食パン3枚）	茶わん １膳×3 （食パン２枚）
卵	１個	１～２個	１～２個	１個
肉／魚	肉 50～70g 魚 1切弱	肉 100g 魚 1切	肉 200g 魚 2切	肉 100g 魚 1切
乳製品	コップ1.5 杯	コップ２杯	コップ３杯	コップ１杯
油脂類	大さじ1	大さじ2	大さじ3弱	大さじ1
砂糖類	大さじ1	大さじ2	大さじ3	大さじ1

パフォーマンス向上のための食事

筋肉をつけたい！
▼
たんぱく質＋
炭水化物
P.46～

骨を作り背も伸ばしたい！
▼
カルシウム＋
たんぱく質
P.40～

スタミナをつけたい！
▼
炭水化物
P.34～

夏だけでなく冬も必要

水分補給は重要！ 試合の勝敗を決めることも

トレーニングで必要な水分補給は発汗量＝水分補給量が理想。
トレーニング量の多い種目では季節を問わず重要となります。
ここでは水分補給のコツを紹介します。

毎日の食事からも水分補給をしています

暑い時期に特に問題になってくるのが水分補給ですが、活動量の多い種目では、季節を問わず、水分補給は重要です。

トレーニング中は、体温調節のためにたくさんの汗をかきます。アスリートの場合は、トレーニング前後の体重差が、2％を超えないことが水分補給のポイントです。それを超えると、脱水症状が起こり始めます。

大事なのは、トレーニング中のみならず、普段から水分をとっておくこと。ご飯の約半分、野菜の8割はじつは水分です。しっかり食事をすることは、水分補給につながります。

また、トレーニング中も、のどが渇いてから水分補給をするのでは遅いので、運動中はできるかぎりこまめに水分をとることが大切です。

左ページに水分補給量の目安をまとめましたので確認してみてください。

水やスポーツドリンク何を飲めばいい？

さまざまなスポーツドリンクが市販されていますが、基本的に夏場を除いて90分以内のトレーニングでは、水分補給は水でＯＫです。

スポーツドリンクの飲みすぎは糖分のとりすぎにつながるので気をつけましょう。

しかし、90分以上のトレーニングをする場合は、水とスポーツドリンクを用意します。

ちなみにトレーニング中は塩をなめる必要はありません。

必要な水分量は、いちいち量る必要はありませんが、お腹がタポタポしない水分量であることが大事です。

	タイミング	飲む量
トレーニング前	 30 分前に	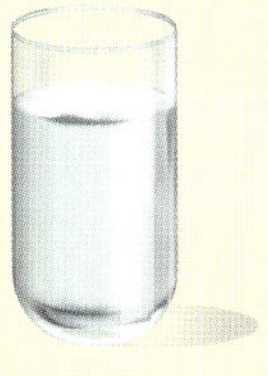 水を 250～500ml を数回に分けて飲んでおく
トレーニング中	 15分ごとを目安に	 1回にひと口～ 200ml 程度まで
トレーニング後	 トレーニング直後から寝る前までに	 トレーニング前と比べて体重減少分を食事と水分から補給（トレーニング前後の体重差 2% 以内が理想）

トレーニング中の水分補給あれこれ

スポーツドリンクのメーカーは薄めず飲むことをすすめていますが、それは胃をなるべく早く通過させるための濃度だからです。

しかし、その濃度はアスリートにとって濃いと感じたり、飲みすぎてお腹がタポタポすることにつながります。

そのため、トレーニング中は薄めて飲むことをおすすめします。

トップアスリートも薄めた濃度のものを飲んでいます。

また、一般的に水分の温度は5～15℃といわれていますが、飲みやすい温度に、というのがポイントです。

夏なら氷が入っていればよいですし、冬ならば氷が入っていなくてもよいです。

冷たすぎてお腹をこわしたり、のみすぎたり、タポタポになって、トレーニングや試合に悪い影響が出ないように注意しましょう。

column

食事に関しては特に子どもへの声かけが大切です

スポーツをしている小学生のキャンプに同行した時の出来事です。

テーブルに並んだ夕食を目の前に、泣き出した子どもがいました。話を聞いてみると、幼稚園の時に参加したキャンプで、コーチから『全部食べるまで席を立ってはいけない！』と厳しく言われ、吐きながら食べたトラウマが甦ってきたと言うのです。

食事は生きるために必要な事であると共に、スポーツを頑張っている子ども達にとってはパフォーマンスの向上を後押しするものでもあります。トレーニングの一部であると言っても過言ではありません。

食事はトレーニングの一部ではありますが、おいしく・楽しく、そして自らが率先してやってみたくなるような、やる気が出るような声かけを先生・コーチ・保護者の方々にはしていただきたいところです。

一方的に『バランスよく食べなさい！』『もっと食べなさい！』『好き嫌いはダメ！』と伝えるのではなく、“子ども自身のやる気をくすぐるような声かけをして欲しい”と思います。

アスリートをサポートしていく中でよく耳にすることの一つとして、自己管理能力の高い選手は怪我をしにくいし、怪我をしても治りが早いと選手自身が感じているということがあります。

そして、自己管理の様々な要素の中で、食事は重要な位置を占めています。食事のバランスはもちろんのこと、食べる時間帯や食品の選び方は、健康やメンタル面など多岐に渡って影響を与えます。

食事はおいしく楽しく食べて欲しい。そして食事にトラウマは作ってほしくないと思います。栄養に対する正しい知識を持って、体のことをしっかり考えながら、選択していきましょう。

第2章

パフォーマンスアップに！

目的別レシピ 栄養満点ごはん

試合スケジュールに合わせた食事ポイント早見表付き

スポーツをがんばっている子ども達にとって
スポーツ食はトレーニングの一部。
強くなるメニューで子どもたちの夢をサポートしましょう！

これだけは必ず

冷蔵庫に入れておきたい食べ物

冷蔵庫に常備しておきたい食べ物

牛乳

卵

納豆

ヨーグルト

バナナ

時間や手間をかけて作る食事が、よい食事とは限りません。忙しくて手をかけてあげられなくても、バランスのよい食事ができる環境を整えてあげましょう。そこで、冷蔵庫に最低限そろえておきたい食材を用意しておいて、子どもが自分で簡単に食事の用意ができる環境にしておくのも手です。

冷凍庫に常備しておくと便利な食べ物

冷凍ご飯のすすめ

普段から、ご飯をなるべくたくさん炊いて、1食分ずつラップにつつんで冷凍しておくと便利です。

ご飯やパンのでんぷんは、冷蔵庫に保存しておくと、味が悪くなります。冷凍保存が最適です。

ご飯

納豆

冷凍しても味は落ちません。食べる前日に冷蔵室に移しておくか、食べる直前に30～40秒ほど電子レンジにかければすぐ食べられます

バナナ

皮をむいてラップに包んで冷凍。アイスキャンデー代わりに

⚠ それぞれのレシピページを読む前に…

めざす体格別の食事のとり方をアドバイス

「基本の食事」を毎食に食べ、食事量を確保する。ここまできて、ようやくスポーツ食のスタートラインです。

ここから先は、筋量アップや持久力アップなどのキーワードが登場します。

トレーニング＋食事で体は少しずつ変わっていきます。

＊

次のページからは、めざしたい体の食事について解説していきます。

最初のページでは概要を説明、それ以降からは手軽にできるレシピを紹介していきます。

＊

筋量アップのトレーニングを実行した後には、筋量アップの食事をとる。そのように、食事を上手に選択できるようになるといいですね。

簡単で、手間いらず長続きが一番重要！

ポイントさえおさえていれば、手抜き料理だって OK。

卵かけご飯、納豆かけご飯に、具だくさんの味噌汁でもいいのです。

便利な調味料を使ってもいいですし、コンビニの食品を利用したって OK です。食事は毎日のこと。肩肘張らずにポイントをおさえて継続していきましょう。

スタミナをつけるなら

炭水化物で持久力アップ!

**持久力を高めるためには
筋肉に貯蔵されるグリコーゲンの量を高めることが大切。
走り込みのトレーニング後はご飯です！**

キーワードは「炭水化物」

持久力が大切となる競技には、バスケットボール、ハンドボール、サッカー、テニスなどがあります。

持久力を高めるには、酸素を取り込む能力を高めることと、筋肉に貯蔵されるグリコーゲン量を高める（グリコーゲンローディング）必要があります。酸素を取り込む能力は、走り込みなどのトレーニングによって高めることができますが、筋肉に貯蔵されるグリコーゲン量については食事が密接に関係してきます。

筋肉中のグリコーゲン貯蔵量を高める、食事のキーワードは「炭水化物」です。

走り込みなどのトレーニング後は、筋肉中のグリコーゲン貯蔵量が減少します。トレーニング後に炭水化物をとると、貯蔵量が回復、もしくはトレーニング前より増加します。

炭水化物をトレーニング後なるべく早くとる!

持久力アップのためには、トレーニング後のおにぎりがおすすめです。パンに比べて脂質が少なく、補食として最適です。また、少々食べすぎたとしても、食事の一部となるため、トレーニング後の食事でおかずと野菜を食べれば、「基本の食事」となります。

トレーニング後には補食として、おにぎりを用意しておくようにしましょう。

持久力アップ！

食べ方のコツ

トレーニング

↓

トレーニング後に
補食として炭水化物をとる

↓

3食でも炭水化物をとる

- ご飯とパン、ご飯とめんなどの組み合わせで、味にバリエーションをつける。
- イモ類やかぼちゃなどのでんぷんを多く含む野菜もグリコーゲン貯蔵を後押し。肉じゃがやかぼちゃの煮つけなどの料理を組み合わせるのも◎。

↓

1日の炭水化物の
トータル量が増える

↓

持久力アップ！

炭水化物＋クエン酸で筋肉中のグリコーゲンの貯蔵量アップを後押し！

炭水化物とクエン酸の組み合わせはグリコーゲンの貯蔵量の増加を後押しします。ハードなトレーニングのあとには食欲が落ち気味となりますが、クエン酸のさっぱりした酸味は食欲を増加させる効果もあります。

クエン酸と同様の働きをするのが酢酸です。梅干しおにぎりの他に、酢めしの巻きずしなどが、コンビニでも売っていますので、活用したいところです。

※昔はクエン酸が疲労回復によいとされていましたが、現在では否定されています。

ゼリー飲料について

さまざまなゼリー飲料がありますが、商品によっては、ごはんと比較するとずいぶん含有成分が劣るものもあります。

ジュニアアスリート時代は、基本的に食材から栄養素を取り込んでほしいところです。さらにゼリーのほうが値段も割高。普段はおにぎりにして、練習環境によって衛生面が不安な場合はゼリー飲料を利用するとよいでしょう。

時短・困った時に
スタミナをつける
おすすめ 食材＆コンビニ商品

キーワード

炭水化物
グリコーゲンローディング
炭水化物＋クエン酸

おすすめの食材

【ご飯】

おにぎり２個半分（約250g）には卵1個分のたんぱく質も含まれています。運動前後のエネルギー補給や筋肉中のエネルギー補給（グリコーゲンローディング）にも活用しましょう。パンに比べ脂質量が少なく腹持ちもよいので、主食の基本にしておきたいところです。

【イモ・かぼちゃ】

炭水化物が多く、試合前日など、積極的に炭水化物をとりたい時に便利な食材です。補食として食べてもＯＫです。レシピ例としては、肉じゃが・かぼちゃの煮物・イモもち・粉ふきイモ・ジャガイモのレモン煮などがおすすめです。

コンビニでおすすめ

【梅おにぎり】

梅干しはクエン酸を多く含んでいます。炭水化物＋クエン酸の組み合わせがグリコーゲンローディングを後押しします。運動後のみならず、運動前のエネルギー補給時は脂質量を抑えておきたいため、梅干し入りおにぎりはまさに最適です。

【めん料理】

トレーニング後の疲れている時でも食べやすい料理です。めんつゆによっては、酢を使用していますが、酢（酢酸）はクエン酸と同じ働きがあるため、やはりグリコーゲンローディングを後押しするとも言えます。

【あんまん】

試合前の炭水化物補給に、あんまん・大福などのあんこを使用した商品は、グリコーゲンローディングの後押しをしてくれます。また練習後、おにぎりを食べたうえで、甘いものを食べたい場合は脂肪が少ないあんまんやあんパンがおすすめです。

295Kcal

鉄分強化ハンバーグ

〈材料(4人分)〉

合挽きひき肉…360g
レバー…40g
玉ねぎ…1/2個
A 卵…1個
A パン粉…40g
A 牛乳…40cc
A 塩・こしょう…少々
A ナツメグ…少々
サラダ油…小さじ1
小麦粉…少々
ソースやケチャップ…お好みで

〈作り方〉

❶みじん切りにした玉ねぎを炒め、冷ましておく。

❷レバーはみじん切りにし、ボウルに挽き肉・レバー・冷ました❶とAを入れて混ぜ合わせ、粘りを出す。

❸好みの形に整え、小麦粉を薄くつける。

❹サラダ油をひいたフライパンを中火にかけ、❸を入れ、ふたをして片面に焼き色がつくまで焼く。

❺上の面の色が変わってきたら(約4～5分)ひっくりかえし、もう片面も焼く。

POINT

●普通のハンバーグにレバーを混ぜることで、レバー独特の臭みや食感がカバーされます。

●付け合わせにほうれんそうが加わると、さらに鉄分アップになります。

●使用するレバーの量が少量のためレバーが余ってしまうので、まとめて作って、ハンバーグ状にして冷凍保存しておくとよいでしょう。

●レバーの種類によって、鉄分量が異なります。今回のレシピは鶏レバーで栄養価を計算しています。
鉄分量:豚レバー>鶏レバー>牛レバー

100g当たり	牛レバー	豚レバー	鶏レバー
エネルギー(kcal)	132	128	111
たんぱく質(g)	19.6	20.4	18.9
脂質(g)	3.7	3.4	3.1
炭水化物(g)	3.7	2.5	0.6
鉄(g)	4.0	13.0	9.0

83Kcal

ひじきサラダ

〈材料（４人分）〉

乾燥ひじき…大さじ３
きゅうり…１本
ホタテ（缶詰）…30ｇ
ゆで枝豆…30ｇ
フレンチドレッシング…大さじ4

〈作り方〉

❶ひじきを水で戻す。流水にさらし、色が黒くならなくなるまで洗う。

❷きゅうりは輪切りにし、塩をふって15分置いておく。その後軽く水洗いし、水気を絞る。

❸ホタテの身をほぐす。

❹すべての材料をボウルに入れ、ドレッシングであえる。

POINT

●乾燥ひじきは、すでに茹でてから乾燥してあるので、水に戻しただけでも食べられます。

161Kcal

イモもち

〈材料（４人分）〉

じゃがいも…２個(300ｇ)
片栗粉…大さじ3
醤油…大さじ2
酒…大さじ2
砂糖…大さじ4
サラダ油…適量

〈作り方〉

❶じゃがいもにラップをして、電子レンジで4分加熱し、熱いうちに皮をスプーンでむき、フォークでつぶす。

❷片栗粉を加え、つぶしながらよく混ぜる。片栗粉と水（分量外）で調整し、耳たぶくらいの固さにする。

❸ラップで包んで筒状にする。食べやすい厚さに切り、丸く平らに形を整える。

❹熱したフライパンにサラダ油をひき、両面に焦げ目がつくまで中火で焼く。

❺醤油、酒、砂糖を少し深さのある耐熱皿に入れて混ぜ、電子レンジで1分加熱し、さらに混ぜて1分加熱する。❹をからめてできあがり。

POINT

●コーンやチーズを入れてもおいしいです。

138Kcal

磯辺もち

〈材料〉

パックの切りもち…４個
バター…少量
水…大さじ1
醤油…大さじ1強
海苔…４枚

〈作り方〉

❶フライパンに少量のバターを薄くひき、中火で約1分加熱する。

❷もちの下になる部分に水をつけ、中火のままフライパンにのせる。もちに直接かからないように、大さじ1の水を入れ、すぐにふたをする。

❸約1分加熱し、火を消す。ふたを開けずに、さらに3分放置する。

❹とり出して醤油につけ海苔を巻く。

POINT

●もちをトースターで焼いてもよいのですが、この方法だとモチモチ感が楽しめますし、時間短縮もできます。

512Kcal

五色丼

〈材料（４人分）〉

ご飯…200g×4
サケフレーク…80g
肉そぼろ（豚ひき肉）…160g
醤油、酒、砂糖…各小さじ1
コーン缶…60g
バター…少々
塩・こしょう…少々
ほうれん草…1束
ごま油、砂糖、酒、醤油…各小さじ1
さやいんげん…８本

〈作り方〉

❶肉そぼろ：熱したフライパンにひき肉を入れ、ほぐしながら炒める。火が通ったら、調味料と合わせて汁気がなくなるまで炒め合わせる。

❷コーン：熱したフライパンにバターを入れ、コーンを炒め、塩・こしょうで味を調える。

❸ほうれん草：塩茹でし、水気を切って小さめに切り、フライパンで乾煎りをして水気を飛ばす。ごま油で炒め調味料で味を調える。

❹さやいんげん：塩ゆでし、斜めに切る。

❺ご飯の上にサケフレークと❶～❹の具をのせる。

骨を作るなら

カルシウムとたんぱく質

牛乳など、タンパク質、カルシウムを多く含む食品で骨を強くさせましょう。食事だけでなく睡眠もしっかりと！

ジュニア期の食生活が身長の伸びに影響することも

「骨折してしまったのですが、何を食べたら早く治りますか?」「身長を伸ばすには何を食べたらいいですか?」など、骨に関わる質問は多いものです。

さらに思春期が来るのをなるべく遅くすることが身長を十分に伸ばすポイントの一つです。体脂肪が多いと第二次性徴が早く来やすいため、思春期が早く来ることになってしまいます。

ジュニア期の食生活や生活習慣が、それだけ重要になってくるということです。

牛乳を飲むと「背が伸びる」には理由がある

骨作りに大切なキーワードは「カルシウムとたんぱく質」。不足すれば十分に骨を作ることができず、身長が伸びる可能性を低くしかねません。

カルシウムを多く含む食品に、牛乳・ヨーグルトなどの乳製品、小魚や骨まで食べられる魚、青菜類などがあります。たんぱく質を多く含むものは肉や魚、乳製品です。カルシウムとたんぱく質の両方を含むため、ぜひ食べておきたい食材です。

近年、乳製品については賛否両論ありますが、乳製品をとると解決することが多い点や手軽に食べることができるため、とくにアスリートにとっては便利な食品です。

飲むとお腹がゴロゴロする（乳糖不耐症）という方は、ヨーグルトや、乳糖を除去した牛乳であればお腹がゆるくなることはありません。

こんなものにカルシウムが含まれています

乳製品

ヨーグルト

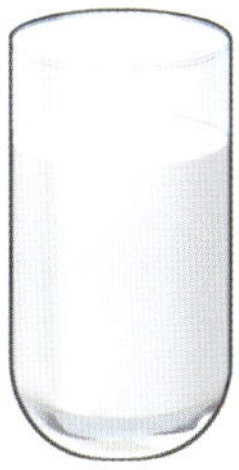

牛乳

大豆製品

納豆

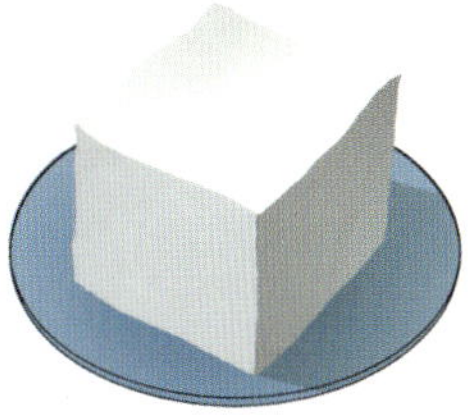

木綿豆腐

骨まで食べられる小魚

しらす

さくらえび

青菜、海藻類

小松菜

ひじき

にら

ジュニア世代の骨づくりを阻害するこんな要因！

❶塩分・糖分のとりすぎ
❷リン（保存料に多く含まれる）のとりすぎ

カルシウムとたんぱく質をせっかくとっていても、強い骨づくりを阻害することをしていたら、もったいありません。

たとえば、塩分や糖分のとりすぎは、尿としてカルシウムを排泄する量が増えてしまいます。そのため、スナック菓子の食べすぎやジュースの飲みすぎは注意です。

また、スナック菓子や加工食品、そうざいなどの中に、保存料として使用されているリンは、カルシウムを骨に変えるのを阻害してしまいます。

スナック菓子は控えて、間食の内容を補食にするなど、改善をしていきましょう。

時短・困った時に

骨を作る おすすめ 食材&コンビニ商品

キーワード

カルシウム+たんぱく質

おすすめの食材

【乳製品(牛乳・ヨーグルト)】

乳製品にはカルシウムとたんぱく質の両方が含まれている上に、料理をしなくても気軽に食べることができるので、朝食や補食において重宝する食材です。

【大豆製品(豆腐・納豆)】

乳製品と比較すると、カルシウム量は(調整豆乳で)約1/3のため少ないですが、比較的カルシウムを多く含む食品です。料理をしなくても食べることができる便利な食材です。

【ちりめんじゃこ】

骨まで食べることができる魚(ししゃも・しらす干し・イワシなど)はカルシウムが多い食材です。ご飯がすすむアイテムとして用意しておきたい食材です。

【さくらえび】

甲殻類はカルシウムを多く含みます。さらに香ばしい香りが食欲を増進させます。干しエビであれば、長期保存が可能のため、常備しておきたい食材の一つです。ふりかけやお好み焼き・チヂミのアクセントとして活用してみてはいかがでしょうか。

コンビニでおすすめ

【飲むヨーグルト】

ヨーグルトよりも糖分量(砂糖量)が多いですが、ジュースを飲むよりもカルシウムやたんぱく質が多く、おすすめです。

【納豆巻き】

納豆はカルシウムやたんぱく質が多いため、運動後の補食としても活用したい料理の一つです。

【小魚のおやつ】

補食に小魚を食べていたという背の高いトップアスリートもいらっしゃいます。カルシウムたっぷりの補食としておすすめです。

240Kcal

イワシのつみれ汁

〈材料（4人分）〉

	イワシ…中4尾	ごぼう…1本
A	味噌…大さじ1	にんじん…1/2本
A	おろし生姜…1片	こんにゃく…1/2枚
A	酒…大さじ1	塩・こしょう…少々
A	片栗粉…大さじ1	万能ねぎ…適量

〈作り方〉

❶イワシの頭、内臓、皮を取り、スプーンを使って骨から身をしごき取る。

❷野菜とこんにゃくは食べやすい大きさに切っておく。ごぼうは切ったら、水に入れてアクを抜く。

❸フードプロセッサーに❶とAを入れ、粘り気が出るまで混ぜる。フードプロセッサーがない場合は包丁でたたいてもよい。

❹❸のタネを、水でぬらしたスプーンですくって沸騰した湯の中に落とす。

❺万能ねぎ以外の野菜とこんにゃくを入れて、アクを取りながら煮る。

❻塩、こしょうで味を調え、万能ねぎを散らす。

263Kcal

バナナジュース

〈材料（1人分）〉

バナナ…1本
牛乳…200cc

〈作り方〉

材料をミキサーに入れてスイッチオンで、できあがり。

POINT

- バナナを冷凍しておき、それを利用すると、氷を入れなくても冷たくおいしくなります。
- 牛乳の脂肪分が気になる場合は、低脂肪牛乳を使用しましょう。
- 卵を1個入れると、バナナミルクセーキに。
- 甘味を加えたい場合は、はちみつを。甘い香りがほしい場合は、バニラエッセンスを加えるといいです。

ピリ辛ねぎ奴《やっこ》

〈材料（4人分）〉

絹ごし豆腐…280g

A
- 砂糖…大さじ2
- 酢…大さじ2
- コチュジャン…大さじ2＋1/2
- 白すりごま…小さじ2
- ごま油…大さじ1弱

万能ねぎ…20g

〈作り方〉

❶Aをすべて混ぜる。

❷豆腐の上に❶をかけ、その上に、小口切りにした万能ねぎをのせる。

POINT

●醤油で冷奴もおいしいものですが、タレに一工夫すると食がすすみます。

●定番の冷奴をアレンジしたものです。ピリ辛の味つけが食欲をアップさせます。

チキンミルクロール

〈材料（4人分）〉

鶏むね肉のひき肉…400g

ミックスベジタブル（冷凍）…150g

スキムミルク…75g

卵…1個

パン粉…大さじ4

塩・こしょう・ナツメグ…少々

ケチャップ・ソース…お好みで

〈作り方〉

❶ミックスベジタブルを電子レンジで約1分加熱する。

❷ボウルに全ての材料を入れて、練り混ぜる。

❸ラップを横長に広げ、❷のタネをおき、巻く（6～7㎝の棒状に整え、両端をねじり止める）。

❹電子レンジ（500W）で4分加熱し、裏返してさらに4分加熱し、冷ます。

❺ラップを除いて、1㎝の厚さに切り分ける。

POINT

●ケチャップやソースをかけて、そのまま食べてもいいし、ハンバーガーにしてもおいしいです。

カルシウムたっぷりふりかけ

〈材料(４人分)〉

大根の葉…100ｇ
しらす干し…50ｇ
干しエビ…大さじ2
いりごま…大さじ1
醤油…大さじ1
酒…大さじ1
ごま油…小さじ1

〈作り方〉

❶大根の葉をさっと塩ゆでし、細かく切り、水気を切る。

❷フライパンで❶を乾《から》煎《い》りし、別の皿に移す。

❸しらす干しを一度湯通しし、フライパンで乾煎りする。

❹❸に❷そして干しエビ、いりごまを合わせ、醤油、酒をからめ、最後にごま油を回し入れる。

POINT

●大根の葉以外にも、カブの葉でもカルシウムたっぷりふりかけになります。

サンマの生姜煮

〈材料(４人分)〉

サンマ…４尾
生姜…1片
水…100cc
酒…100cc
醤油…大さじ2
みりん…大さじ2
砂糖…大さじ1
酢…大さじ1

〈作り方〉

❶サンマの頭とはらわたを取る。流水でよく洗い、1尾を４等分に切る。

❷圧力鍋に千切りにした生姜と、サンマ以外の全ての材料を入れ、ひと煮立ちさせる。

❸一度火を止めて、❶をなるべく重ならないようにして入れる。

❹圧力鍋のふたを閉めて、再び火にかけて沸騰したら弱火で20分加熱する。

❺火を止めた後、圧力が抜けるまで放置する。

POINT

●魚は骨が面倒という子も、この料理であれば丸ごとパクッと食べられます。

筋肉をつけるなら

たんぱく質と炭水化物

なかなか体が大きくならない…
それはご飯が足りないのかもしれません。
まずは主食量が十分かを見直しましょう！

筋肉が大きくなる仕組みとは？

ジュニアアスリートはまだウエイトトレーニングを行わない時期ですが、日々のトレーニングで少しずつ筋肉は大きく成長していきます。

①トレーニングによって筋肉に小さな傷がつく。

②食事でとったたんぱく質が、筋肉の修復に使われる。

これが基本的な流れです。

何かを食べたら、ある特定の筋肉が増えるという食品はありません。

トレーニング
↓
筋肉に傷
↓
食事
↓
筋肉が成長

まずは主食量、つぎにたんぱく質量をチェック

筋肉量を増やしたいからと、肉や魚などのおかずをたくさん食べたり、プロテインを飲んでいる方もいるかもしれません。

しかし、1日に必要なエネルギー量が十分でなければ、たんぱく質は食品であろうが、プロテインであろうが、エネルギー源として使われてしまいます。そのため、まずは食事量、とくに主食量が十分であるかをチェックする必要があります。

主食（炭水化物）を必要量もしくはそれ以上とり、その上で主菜（たんぱく質）を増やします。

中学生以上になると、主菜が一品ではとるべきたんぱく質量をとりきれないこともあります。量や品数を増やすことができない場合は、ご飯に卵や納豆をかけるだけでも手軽にたんぱく質量をアップさせることができます。

1日に必要なたんぱく質の量

	小学生	運動部に所属の小学生高学年	運動部に所属の中学生	運動部に所属の高校生	運動習慣なしの大人
卵	1個	1～2個	1～2個	2～3個	1個
肉・魚	50～70g 1切弱	100g 1切	200g 2切	200～325g 2切	100g 1切

筋肉量を増やすためのアイデア

アイデア1

補食に炭水化物やたんぱく質を含むものを

- 菓子パンよりもおにぎり

- ジュースよりも牛乳

- アイスキャンディーより冷凍バナナ

アイデア2

練習後なるべく早くたんぱく質をとって効率よい筋肉づくりを

- サケフレーク入りおにぎり
- 納豆巻き
- 肉まん
  トレーニング後の炭水化物＋たんぱく質補給に便利な商品。寒い時期に最適です。
- ハムサンド

- 牛乳、ヨーグルト

ケース1　体重を増やしたいなら

朝食の充実と補食で食事量アップ

急に体重（特に脂肪）を増やしてしまうとパフォーマンスが低下してしまいます。ケガのもとにもなるので注意が必要です。体重をチェックしながら少しずつ食事量を増やしていきましょう！

理想の体重増加は一カ月に1〜1.5キロ程度

体重増加は体脂肪量を上げるのではなく、筋肉量で増加させることが理想的です。競技によって、またポジションによって、適正な体脂肪率は異なりますが、急激な体脂肪増加はケガの原因ともなりますので要注意です。

筋肉量が増える目安は、1カ月に1〜1.5キロです。どんなにうまくいっても2キロが限度。それ以上の増加は、脂肪が多くつきます。

大幅に体重が増えると、走った時に、体が重く感じますが少しずつ筋肉をつけていくと、体重が増加しても重いと感じず、重力に対して体を支える筋肉もついてくるため、パフォーマンスは落ちません。

体重を増やしたいお子さんには、計画的に体重増加することの大切さを伝えましょう。

おすすめは朝食のご飯を一膳増やすこと

まず改善したいのが朝食。朝食を改善するだけで筋肉量が増えたということがよくあります。逆に夕食を大幅に増やすと体脂肪がつきやすくなります。まずは朝食の見直しがおすすめです。

また、1日のエネルギー量を増やすために、1日の食事回数を増やすこともポイント。補食には炭水化物とたんぱく質の多いものにしましょう。

小食で1回の食事量が少ないと心配な方も補食をとりいれることで解決します。

次第に消化力がついてきて、1回の食事量も増やせるようになります。

朝食を充実させて総エネルギー量をアップ！

●和食の炭水化物＋たんぱく質の朝食メニュー

		エネルギー量	たんぱく質
梅干しおにぎり２個		343Kcal	5.2g
卵かけご飯		415Kcal	11.5g
納豆卵かけご飯		515Kcal	19.8g
納豆卵かけご飯＋ プレーンヨーグルト （はちみつ入り）		668Kcal	27.0g

●洋食の炭水化物＋たんぱく質の朝食メニュー

		エネルギー量	たんぱく質
トースト２枚		391Kcal	11.2g
トースト２枚＋目玉焼き		466Kcal	17.4g
トースト２枚＋ 目玉焼き＋ハム		555Kcal	24.8g
トースト２枚＋ 目玉焼き＋ハム＋牛乳		689Kcal	31.4g

牛丼

〈材料(４人分)〉

ご飯…200ｇ×4
牛薄切り肉…300ｇ
玉ねぎ…1個
和風だし(顆粒)…小さじ2
醤油…大さじ4
酒…大さじ3
砂糖…大さじ3
塩…少々
おろし生姜…大さじ2
紅生姜…お好みで

〈作り方〉

❶400ccの湯(分量外)に和風だしとスライスした玉ねぎを入れ、玉ねぎがやわらかくなるまで煮る。

❷醤油、酒、砂糖、塩と牛肉を入れ、ふたをしてから中火で10分ほど煮る。

❸おろし生姜を入れ、さらに1分ほど煮る。

❹ご飯に❸をのせ、お好みで紅生姜をのせる。

POINT

●余ったら、ささがきごぼうを入れてひと煮立ちさせ、溶き卵でとじれば柳川風のおかずに。

トマトと枝豆のスクランブルエッグ

〈材料(４人分)〉

卵…４個
トマト…２個
ゆで枝豆…25ｇ
コンソメ…小さじ1/2
バター…少々
バジル…飾り用
ケチャップ…お好みで

〈作り方〉

❶熱したフライパンにバターを入れ、トマトをざく切りにし、フライパンで水気を飛ばすようにして加熱する。

❷枝豆と、溶いた卵にコンソメを加え、❶を入れ半熟状にする。

❸バジルを添えてできあがり。お好みでケチャップをつけてどうぞ。

POINT

●スクランブルエッグは何を入れてもおいしいおかず。卵の中に野菜を加えるだけで、1品でおかず＋野菜がとれる朝食メニューになります。

ケース②

体脂肪を減らしたいなら

砂糖と油に気をつけよう

体脂肪を減らしたいなら
まず見直すのは砂糖（ジュース・お菓子）と油・脂です。
夕食時の揚げ物、オイル入りドレッシングから控えていきましょう！

体脂肪を落とす時は筋肉を落とさないように

人より少しぽっちゃりしている場合、筋肉量はなるべく落とさず、体脂肪を落としたいところ。

筋肉量が落ちてしまうと、筋力も落ちてしまうため、パフォーマンス低下につながってしまいます。

成長期は身長が伸びているため、体重をキープしながら身長が伸びるのを待つのもひとつです。

体重を落とす場合でも、月にマイナス1キロにとどめておきましょう。

まず見直すのは砂糖と油

バター、オリーブオイル、マヨネーズ、オイル入りドレッシングなど、油脂類は、1gにつき9kcalもエネルギー量があります。そのため、とりすぎると体脂肪を増やしてしまいます。

特に夕食にはサラダにかけるドレッシングをノンオイルにしたり、揚げ物を控えるようにしましょう（日中より夜は太りやすいため）。

また、気をつけたいのはジュース類です。

100%果汁のジュースならよいような気がしますが、ジュース500mℓには、50～60g（約大さじ5～6杯）の砂糖（糖分）が含まれています。糖分量にすると、100%果汁ジュースも炭酸飲料も同じです。

水分補給のつもりが、実際は糖分補給になってしまうので、十分に気をつけましょう。

朝食を充実させて総エネルギー量をアップ！

●年代別油脂類と砂糖類の１日の目安量

目安量にある砂糖や油は基本的に料理で使用する程度のため、間食内容がジュースやお菓子に偏ると、とりすぎになりやすいのです。

	小学生	運動部に所属の小学生高学年	運動部に所属の中学生	運動部に所属の高校生	運動習慣なしの大人
油脂類	大さじ１	大さじ２	大さじ３弱	大さじ３〜４	大さじ１
砂糖類	大さじ１	大さじ２	大さじ３	大さじ３〜４	大さじ１

●お菓子に含まれる砂糖と油の量

砂糖と油を一緒に食べると太りやすい

食事を減らす前に、まずは間食の内容を見直しましょう！

ジュース 200ml＋スナック菓子 80ｇ	約	砂糖大さじ 3弱	＋	油大さじ2強
シュークリーム １個	約	砂糖小さじ 1	＋	油大さじ1強
ソフトクリーム １個	約	砂糖大さじ 2弱	＋	油大さじ1弱
ドーナツ １個	約	砂糖小さじ1強	＋	油大さじ1強
チョコレート 2粒	約	砂糖小さじ 1.5	＋	油小さじ 1強

低脂肪ハンバーグ

〈材料(4人分)〉

合挽き肉…150ｇ
木綿豆腐…150ｇ
玉ねぎ…1/2個
パン粉…大さじ5
卵…1個
塩…小さじ1/2
こしょう…少々
オリーブオイル…大さじ1
小麦粉…適量
ケチャップ…お好みで

〈作り方〉

❶木綿豆腐を鍋に入れ、中火にかけて菜箸でかき混ぜる。水気が出てきたらざるにあけ、水気を切る。

❷フライパンにオリーブオイルをひき、みじん切りにした玉ねぎを弱火でよく炒める。

❸ボウルに、挽き肉、冷ました❶、❷、パン粉、卵、塩、こしょうを入れてよくこねる。

❹お好みの形に整え、周りに小麦粉を軽くつける。

❺フライパンを中火にかけ、❹を入れふたをして片面ずつ焼き色がつくまで焼く。

POINT

- 焼く際には、フライパンのふたはひっくり返す以外は開けないようにしましょう。
- なるべく油の使用量を控えるために、フライパンはテフロン加工のものがおすすめです。
- 通常の豚挽き肉＋牛挽き肉の時より、脂質を抑え、57kcalカットできます。
- 通常の豚挽き肉＋牛挽き肉の時よりも鶏むね肉の挽き肉を豆腐代わりに使用した場合、43kcalカットできます。

100 g当たり	豚＋牛	豚＋牛＋木綿豆腐	豚＋牛＋鶏
エネルギー（kcal）	261	204	218
たんぱく質（g）	17.1	12.5	18.4
脂質（g）	16.4	12.3	11.3
炭水化物（g）	8.9	9.4	8.8

233Kcal

メカジキのカレームニエル

〈材料(４人分)〉

メカジキ…４切れ
塩…小さじ1/2
こしょう…少々
小麦粉…大さじ４
カレー粉…小さじ２
サラダ油…大さじ1
バター…大さじ1
レモン汁…お好みで

〈作り方〉

❶メカジキに塩、こしょうして４～５分おき、出てきた水気をペーパータオルでふきとる。

❷小麦粉とカレー粉を合わせてメカジキにまぶし、余分な粉ははたいて落とす。

❸熱したフライパンにサラダ油とバターをひき、❷を入れ、焼き色がついたら裏返し、弱火にして中まで火が通るように焼く。お好みでレモンをかける。

POINT

●メカジキは低脂肪・高たんぱく質の魚で味も淡白なため、生姜醤油味、カレー味、ホワイトソースなど、どんな味付けでもおいしいです。

317Kcal

ささみもっちりあんかけ

〈材料(４人分)〉

ささみ…８本
切もち…6個(約300g)
醤油、酒、塩…適量
にんじん、しめじ…40ｇ
生椎茸…４枚
水菜…40ｇ
水…3カップ
和風だし…小さじ1
生姜…1片
レモン汁…1個分
塩…小さじ1
片栗粉…大さじ1
大根おろし…200ｇ

〈作り方〉

❶ささみは筋を取り観音開きにして広げ、酒をふり、塩で下味をつける。もちは縦長に切って焼いて醤油をからめ、ささみで巻く。フライパンで、まず巻終わりを下にして焼き、全体を転がしながら焼く。

❷にんじんは短冊切り、しめじは子房に分け、椎茸は薄く切る。水菜は適当な長さに切り、生姜は千切りにする。

❸分量の水を沸かし、だし・生姜を入れ、野菜ときのこ類を煮る。塩、レモン汁を加えて味を調え、水溶き片栗粉でとろみをつける。

❹❸を皿にもり、❶をのせ、その上に大根おろしをそえる。

ささみのつみれ鍋

〈材料(４人分)〉

ささみの挽き肉…400g
卵…1個
塩…小さじ1
おろし生姜…少々
おろしにんにく…少々
長ねぎ(青い部分)…２本分
酒…大さじ1
片栗粉…大さじ1
しめじ…100g
椎茸…４個
水菜…100g
にんじん…1本
長ねぎ…1本
鍋のもと
ゆず・かぼす・七味…お好みで

〈作り方〉

❶挽き肉に卵、塩、おろし生姜、おろしにんにく、みじん切りにした長ねぎ、酒、片栗粉を混ぜ、よくこねる。

❷鍋に湯を沸かし、❶を団子状に整え、湯の中に入れ、浮いてきたら引き上げる。アクをすくい、鍋のもとなどで好みの味にする。

❸野菜ときのこ類を適当な大きさに切り、❷に入れ火を通す。❷で引き上げたつみれを鍋に戻す。

サケのホイル焼き

〈材料(４人分)〉

サケ切り身…４切れ
しめじ…200g
にんじん…4cm
さやいんげん…12本
塩・こしょう…少々
バター…小さじ2
レモン(輪切り)…４切れ
醤油…適量

〈作り方〉

❶アルミホイルの上にバターを塗り、輪切りにしたにんじん、塩、こしょうを振ったサケ、レモン、洗ったしめじとさやいんげんの順にのせる。

❷ホイルの上下と左右をそれぞれしっかり巻き、包む。

❸フライパンまたはトースターに入れて、約10分加熱する。フライパンの場合はふたをするとよい。

❹ホイルが膨らんだらできあがりの合図。

❺塩気が足りない場合は醤油をかけてどうぞ。

かぜ予防には

緑黄色野菜でビタミン補給

カゼのウイルスに勝つ抵抗力をつけるために
緑黄色野菜で粘膜を強くしましょう。
トレーニング後の手洗い・うがいや部屋の換気も忘れずに！

かぜ予防の基本はウイルスを増殖させない環境

空気が乾燥している冬は、かぜウイルスが他の季節に比べて空気中を活発に飛び回ります。さらに、気温が低いため、気管の働きも鈍り、ウイルスがとどまりやすく、かぜをひきやすくなります。

寒いからと窓を閉め切らず、1日数回は換気をしましょう。閉め切っていると部屋の中にいるウイルスが増殖してしまいます。

空気の乾燥を防ぐため加湿器で対策をするのもよい手段ではありますが、実は冬場は加湿器を使用してもウイルスを不活性化するような湿度にはなりません。

そこで大切なのが、手洗いとうがいです。特にトレーニング後の手洗いとうがいは重要なので、帰宅後すぐに行いましょう。

緑黄色野菜で粘膜を強くする！

かぜ予防というと、ビタミンCを思い浮かべる方も多いでしょう。たしかにビタミンCはコラーゲンを生成し、抵抗力を高めるビタミンです。しかし、ビタミンCはいろいろな食材に含まれているため、不足しにくいビタミンです。一方で、緑黄色野菜に多く含まれているビタミンAは、不足しやすいビタミンです。

ビタミンAは粘膜を正常に保つ役割があるので、不足するとかぜをひきやすくなるとも言えます。

緑黄色野菜の他、卵や乳製品もビタミンAを含みます。

朝から主菜を食べる！

体に入ってしまったかぜウイルスに対抗するためには、抵抗力が必要です。そして抵抗力を高めるためには、タンパク質（主菜・乳製品）が重要。

かぜを予防するなら 緑黄色野菜をたっぷり食べて 粘膜を正常に保とう

ビタミンA
皮膚や粘膜を健康に保つ働き

→ **ウイルスの感染を予防**

ビタミンA　緑黄色野菜

にんじん　ニラ　かぼちゃ
小松菜　ほうれんそう　春菊
かいわれ大根　葉ねぎ
ブロッコリー　オクラ　トマトなど

1日にとる野菜の
1/3 ~ 1/2 量を
緑黄色野菜にしよう！

朝食に たんぱく質と ビタミンAを含む 卵・乳製品をプラス！

- ニラ玉
- ミックスベジタブル入りスクランブルエッグ
- にんじん、ブロッコリー入りホワイトシチュー

朝食が主食だけになっている場合は、まずは卵などの主菜や牛乳を朝食に加えましょう。

かぜ対策 その他にできること

ウイルスが気管に入っても胃に落ちれば感染しません。

少しでも早くウイルスを胃に送り出すために、せん毛の動きを活発にしておくのがポイントです。

マスクをすれば、気管内部の温度、湿度を保つため、気管のせん毛の働きを正常に保ちます。

そのため、大切な試合前、人ごみに行く時や、就寝時にも、マスクをしましょう。

マスクをしているときは、鼻もマスクの下に入れましょう。

時短・困った時に

かぜ予防のための おすすめ 食材＆コンビニ商品

キーワード

ビタミンＡ

おすすめの食材

【 緑黄色野菜 】

にんじん・カボチャ・ニラ・ほうれん草・チンゲン菜・サラダ菜・水菜・葉ねぎ・ブロッコリー・オクラ・トマト・インゲンなど、色の濃い野菜はビタミンＡ（粘膜を正常に保つ役割がある）を多く含みます。必要な野菜量の1/3 ～ 1/2 は緑黄色野菜でとっておきたいところです。

【 ナムル 】

青菜やにんじんが入っていると、ビタミンＡを多く含まれている上に、ご飯のおともにもなります。そのまま食べても、ビビンバにしてもおいしいです。

【 トマト缶 】

缶詰は日持ちがする上に、とても便利な食材です。肉や魚と野菜を一緒に煮込む料理（ミネストローネ・カレー・ビーフシチューなど）に入れてビタミンＡをアップさせましょう。

【 冷凍野菜 】

ミックスベジタブルに入っている、グリンピース・インゲン・にんじんは緑黄色野菜のため、ビタミンＡを多く含みます。カボチャやインゲンなどの単品冷凍野菜の他、和風料理用や洋風料理用の冷凍野菜も売っており、煮込み料理には便利です。

コンビニでおすすめ

【 野菜ジュース 】

色々な野菜ジュースの中でも、エネルギー量（特に、炭水化物量）が少なく、ビタミンＡ（もしくはβカロテン）量が多い物を選ぶと、緑黄色野菜がより多く使用されているので、おすすめです。

【 サラダ 】

ほうれんそうのおひたし・インゲンのごま和えなど、緑黄色野菜が多く使用されている物が特におすすめです。

【 具だくさんスープ 】

ミネストローネ・とん汁など、緑黄色野菜が含まれているスープはビタミンＡを多く含んでいます。さらに冬場など寒い時期は体を温めてくれるので、かぜ予防にも効果的です。ぜひ取り入れてみましょう。

196Kcal

ミネストローネ

〈材料(4人分)〉

トマトの水煮(缶詰)
…1缶(400g)
にんじん…1本
玉ねぎ…1個
じゃがいも…3個
キャベツ…3枚
ベーコン…2枚
セロリ…1/2本
コーン(ホール缶)…130g
にんにく…1片
固形スープのもと…1個
ローリエ…1枚
塩・こしょう…少々
水…400cc

〈作り方〉

❶ベーコン、玉ねぎ、にんじん、セロリを1cm角に切る。にんにくをみじん切りにする。

❷熱した鍋にベーコンとにんにくを弱火で炒める。

❸香りがしてきたら、❶の野菜を中火で炒める。

❹野菜に火が通ったら、角切りにしたじゃがいも、四角く切ったキャベツ、ローリエを加え、ふたをして弱火で約10分蒸し煮する。

❺水煮のトマト、コーン、固形スープのもと、水を加えて、弱火のまま煮込む。

❻塩、こしょうで味を調えて、できあがり。

POINT

- お好みで粉チーズを加えてもおいしいです。
- 野菜のバリエーションとして、かぼちゃ、なす、生トマト、ズッキーニをいれてもOKです。
- 圧力鍋を使用する際は、水をほとんど加えなくてもよいです。❸までは同じ手順で、それ以降はすべての材料を加えて、鍋のふたを閉め、加圧・加熱するとできあがりです。

チヂミ

〈材料(4人分・2枚分)〉

ニラ…1/2束
にんじん…1/2本
卵…1個
水…50cc
小麦粉…1/2カップ
玉ねぎ…1/2個
干しエビ…少々
削り節…ひとつまみ
和風だし(顆粒)…少々
ごま油…適量
酢・醤油…適宜

〈作り方〉

❶ニラは3㎝、にんじんは3㎝の千切りにする。

❷卵をほぐし、干しエビ、削り節、和風だしを加えて、水と小麦粉を加えて混ぜ、だまが残らないように混ぜる。

❸❷に❶を加え、野菜に衣がまとわりつく位に混ぜる。

❹熱したフライパンにごま油をしき、❸の1/2量を広げ、両面を焼き色がつくまでふたをしながら焼き、焼き終えたら、残りの1/2もフライパンで焼く。酢醤油でいただく。

POINT

●まとめて作って冷凍保存できるので、あと一品野菜料理がほしい時に便利です。

パンプキンシチュー

〈材料(4人分)〉

かぼちゃ
…1個(正味150g)
鶏もも肉…200g
玉ねぎ…小1個
にんじん…1本
しめじ…1袋
サラダ油…大さじ1
水…200cc
牛乳…500cc
ホワイトシチューのもと
…4人分
塩・こしょう…少々

〈作り方〉

❶かぼちゃを600Wの電子レンジで1分加熱し、その後、解凍モードで約10分加熱する。上部を切り取り、種とワタを取り除き、果肉をかき出す。

❷鶏肉・玉ねぎ・にんじんを食べやすい大きさに切り、しめじは小房に分けておく。

❸鍋に油をしき、❷を焦がさないように炒める。

❹❸に水と取り出したかぼちゃの果肉を加え、材料がやわらかくなるまで弱火で煮込む。

❺火を止め、ホワイトシチューのもとと牛乳を加え、弱火で煮込む。塩・こしょうで味を調えて、できあがり。

491Kcal

石焼ビビンパ

〈材料（４人分）〉

- ご飯…200ｇ×4
- ほうれんそう…100ｇ
- 大豆もやし…100ｇ
- 大根…100ｇ
- 水煮ぜんまい…100ｇ
- 基本の調味料
  - おろしにんにく…小さじ1
  - 塩…少々
  - ごま油…少々
  - いりごま…少々
- キムチ…100ｇ
- 卵…４個
- ごま油…適量
- コチュジャン…お好みで

〈作り方〉

❶ほうれんそう、もやし、千切りにした大根をそれぞれ茹で、よく水切りし、基本の調味料とよく混ぜ合わせてナムルにする（ぜんまいも同様）。

❷フライパン鍋にごま油を薄く塗り、弱火にかける。

❸ご飯を入れ、ナムル、キムチをのせ、くぼみに卵を入れて、ふたをし、卵が半熟になったらできあがり。お好みでコチュジャンを入れて。

POINT

●１人分の土鍋で作ると自分好みの味付けが楽しめます。

315Kcal

肉巻き野菜

〈材料（４人分）〉

- 豚ロース（薄切り）…320ｇ
- 醤油…大さじ2
- 酒…大さじ1
- みりん…大さじ1
- すりおろし生姜…1片
- ピーマン…1個
- 赤パプリカ…1/2個
- 黄パプリカ…1/2個
- スライスチーズ…1枚
- サラダ油…大さじ1

〈作り方〉

❶醤油、酒、みりん、すりおろし生姜を合わせ、豚肉を15分ほど漬ける。

❷野菜とチーズは、細長く切っておく。

❸豚肉を４～５枚ずらしながら重ねて横に広げ、野菜とチーズを上に並べる。

❹手前からきっちり巻く（巻終わりを楊枝で留めておくとよい）。

❺熱したフライパンに油をひき、最初は巻終わりを下にしてふたをしながら弱火で焼く。少しずつ回して全体を焼く。

❻残っている❶の漬けだれをフライパンに入れ、肉全体にからめる。

夏バテ予防には

食欲アップのひと工夫が大切!

どうしても夏のように暑い時は食事量が減ってしまいます。食欲をアップさせて夏バテを乗り切るためにも味に変化をつけたり、めん料理をとりいれてみましょう。

主食に主菜と副菜をのせた料理を!!

白いご飯におかずと野菜よりも丼のように、主食と主菜と副菜が一緒になっている組み合わせ料理は、食欲が落ちている時でも食べやすいです。

冷たいめん類
冷やし中華、冷やしサラダうどん
米料理
ちらし寿司、タコライス、豚キムチ丼

さらに、炭水化物とたんぱく質を一緒に食べると、味の相乗効果があるため、このような料理は、よりおいしく感じることができます。

暑い時期でトレーニング量が多いと食欲がとくに落ちやすいですが、主食の一品として冷たいめん類を用意しておくとよいでしょう。カレーも食欲を増す料理ですが、消化に時間がかかるので、食事後にトレーニングがある時は控えましょう。

おすすめは冷たいめん類+ご飯

スポーツをしている子どもにとっては、成長の妨げにならないようにするためにも、なんとか食欲を下げないように工夫したいところです。

食欲が落ちている時はご飯+めん、白ご飯+味つけご飯などのように、主食の味に変化をつけると、食べやすくなりますし、食べたいと思いやすくなります。

暑い時期は、冷たい料理だと食欲もわきやすくなるため、1/2玉の冷たいめん料理とご飯を組み合わせるのも一つの方法です。

豚キムチ丼もおすすめ

めん＋ご飯の組み合わせで食欲アップ！

練習後

✕ **アイス、ジュース**
食欲が落ちてしまう。

✕ **クーラー効きすぎ**
暑い所と涼しすぎる所を行ったり来たりしていると自律神経の調節がうまくいかなくなる。

◎ 補食として冷凍バナナ

◎

例）五色丼＋冷やしサラダうどん

やっぱり夏にもおすすめ！梅干しおにぎり

梅干しには防腐作用があり夏には最適。

さらにクエン酸も含まれているので、炭水化物と合わせてとると、持久力アップの補食にもなります。

食事からの水分やミネラル補給

夏場の塩分補給を心配される方もいらっしゃるでしょうが、きちんと食事をしていれば、食事から塩分補給ができます。

塩のタブレットや飴なども市販されていますが、「基本の食事」をおさえていれば、塩分不足になることは考えづらいです（特にジュニア期）。

トレーニング後の補食におにぎりを食べることは、水分や塩分補給につながります。

時短・困った時に
夏バテ予防のための おすすめ 食材&コンビニ商品

キーワード

炭水化物
（食欲アップ、エネルギー補給）

おすすめの食材

【キムチ】

唐辛子の香辛料が食欲を刺激し、食事量を確保してくれます。そのままご飯のおともに、豚肉と炒めて豚キムチに、鍋料理にと多種多様に活用できます。夏場食欲が落ちてきたと感じた時に特におすすめで、常備しておきたい食材です。

【梅干し】

ご飯のおともになるので、ごはんが進み、エネルギー補給に貢献します。梅干しはクエン酸を多く含んでいます。炭水化物＋クエン酸の組み合わせがグリコーゲンローディングを後押しするだけでなく、塩分補給にもなります。

【カレー】

香辛料が食欲をアップさせ、食事量を確保してくれます。オーソドックスなカレーライスの他、小麦粉にカレー粉を加えて、カレームニエルにする方法もあります。また炒め物をする際に少し加えるだけでもおいしさが増します。

コンビニでおすすめ

【冷やし中華・冷やしサラダうどん】

特に暑い時期やトレーニング量が多い時には、食べやすい料理です。1品にめん（炭水化物）＋肉や卵（たんぱく質）＋野菜（ビタミンC）がそろえやすく、食事バランスも比較的よいと言えます。

【フルーツゼリー】

食事量がどうしても確保できない時は、デザートでエネルギー補給するのも手です。凍らせて食べてもおいしいです。

タコライス

〈材料(4人分)〉

ご飯…200g×4

サルサソース

- トマト…2個
- ピーマン…1個
- 塩・こしょう…少々
- バジル…4枚
- トマトケチャップ…大さじ1
- タバスコ…お好みで

- 牛挽き肉…200g
- 玉ねぎ…1/2個
- トマトケチャップ…大さじ1
- 中濃ソース…大さじ1
- 塩・こしょう…少々

レタス…2枚

バジル(飾り用)…適量

シュレッドチーズ…適量

〈作り方〉

❶トマトはざく切り・ピーマンは粗みじん切りにし、細かく切ったバジルと合わせ、トマトケチャップ、塩、こしょう(お好みでタバスコ)を軽く混ぜ合わせる。

❷挽き肉とみじん切りにした玉ねぎをフライパンで色が変わるまで炒める。出てきた脂が多い場合は、キッチンペーパーでふき取る。

❸❷をケチャップ、中濃ソース、塩、こしょうで味を調える。

❹レタスを千切りにし、ご飯にのせ、❸、❶、飾り用のバジルの順にのせ、チーズをかける。

POINT

- サルサソースは少し置いておいたほうが、味がなじむのでおいしいです。
- 脂質が気になる場合は、牛挽き肉の代わりに鶏挽き肉を使用しましょう。
- 彩りも鮮やかなため、食欲UPメニューの代表です。
- サルサソースはソテーした肉や魚のソースにも活躍します。

ガスパチョ

〈材料(4人分)〉

トマトピューレ …800g
きゅうり…1本
玉ねぎ…小1/2個
赤パプリカ…1/2個
パン粉 …1/2カップ
オリーブオイル …大さじ2
にんにく…1片
塩・こしょう…少々
タバスコ・レモン汁 …お好みで
バジル…適量

〈作り方〉

❶きゅうり、玉ねぎ、パプリカをざく切りにしてトマトピューレとパン粉を合わせミキサーにかける(オリーブオイルやにんにくなどの調味料も加える)。

❷お好みで、タバスコやレモン汁を加える。

❸バジルを添えてできあがり。

POINT

●火を使わずできるビタミンたっぷりのスープです。

ドライカレー

〈材料(4人分)〉

ご飯…200g×4
鶏もも肉の挽き肉 …80g
ゆで大豆…80g
玉ねぎ…1個
にんじん…1本
セロリ…1/2本
ピーマン…1個
おろし生姜…小さじ1
おろしにんにく …小さじ1/2
サラダ油…大さじ1
カレー粉…小さじ2
トマトの水煮缶 …80g
白味噌(だし入り) …小さじ2
ローリエ…1枚
醤油…小さじ2
塩…小さじ1/3
こしょう…少々
砂糖…小さじ1

〈作り方〉

❶熱したフライパンに油をひき、生姜、にんにくを入れ、みじん切りの玉ねぎを加えて少し色づいたら挽き肉を加えて炒め、ローリエを加える。

❷細かく切ったにんじん、セロリ、ピーマン、ゆで大豆の順に加え、そのつど炒める。カレー粉を加え、トマト、味噌、醤油、塩、こしょう、砂糖を加え、水気がなくなるまで炒め煮にする。

130Kcal

水餃子

〈材料（４人分）〉

餃子（市販）…12個
キャベツ…2枚
水…300cc
和風だし（顆粒）…小さじ1
醤油…大さじ2
ナンプラー…お好みで
万能ねぎ…少々

〈作り方〉

❶鍋に水を沸かし、和風だしを入れる。

❷餃子と大きめに切ったキャベツを加えて加熱し、醤油（・ナンプラー）で味を調える。

❸器に❷を入れ、万能ねぎを散らしてできあがり。

POINT

●スープ状にすることで、野菜も一緒に食べられ、つるっといただける一品です。

541Kcal

冷やしサラダうどん

〈材料（４人分）〉

うどん…4玉
豚肉（しゃぶしゃぶ用）…12枚
卵…1個
砂糖…小さじ1/2
塩…少々
ミニトマト…16個
水菜…1把《わ》
きゅうり…1本
乾燥ワカメ…大さじ1
めんつゆ…4人分
いりごま・わさび・おろし生姜・のり…お好みで

〈作り方〉

❶うどんを熱湯でゆで、冷水でしめる。

❷豚肉を熱湯にくぐらせ、食べやすい大きさに切る。

❸溶いた卵に塩、砂糖をまぜ、薄焼き卵を作り、細切りにする。

❹トマトを半分に、水菜は適当な長さに、きゅうりは千切りにする。

❺ワカメを水に戻しておく。

❻器にうどんと❷〜❺の具をのせてから、めんつゆを回しかける。お好みでいりごま、わざび、おろし生姜、のりなどを薬味としてそえる。

筋肉の疲労を回復させるには

練習後なるべく早いタイミングで炭水化物とたんぱく質を摂取

トレーニング、栄養、休養のバランスが崩れると
疲労が蓄積しやすくなります。
練習後はなるべく早く栄養補充を！

トレーニング後の食事はまず炭水化物

疲れていて食事量が不十分だと、筋肉量が減り、けがをしやすくなったり、抵抗力が落ちてかぜをひきやすくなってしまいます。

疲労回復には食事以外に休養も大切です。夜の睡眠も大切ですが、それと共に大切なのが積極的な休養です。

シャワーだけでお風呂を終わらせるのではなく、湯舟につかって、血行をよくしてからストレッチする、ということから始めてみませんか？

食事面では、練習で消費したエネルギー量を補給することが大事なため、炭水化物をとることが大切です。練習場所から自宅が離れている場合は、おにぎりを持たせてあげてトレーニング後に食べるとよいです。このような習慣が身につけば将来、コンビニを利用するようになった時も、「練習後はまずおにぎり」となってくれるでしょう。

回復効果があるイミダペプチド

ひと昔前は、クエン酸の疲労回復効果が言われていましたが、今は否定されています。

最近、疲労回復効果があると注目されているのが、イミダペプチドです。

イミダペプチドは、鶏むね肉、ささみの他、マグロやカツオなどの回遊魚に含まれています。マグロやカツオは、特に尾の付け根の部分に多く含まれています。

これらの食材は、いずれも低脂肪なので、夕食のおかずにもおすすめです。

鶏むね肉やささみはパサパサして食べにくい部位ですが、72ページでおいしく食べられるレシピを紹介しているので参考にしてみてください。

疲労回復に役立つ食べ物

ささみ、鶏むね肉、カツオ（特に尾の部分）

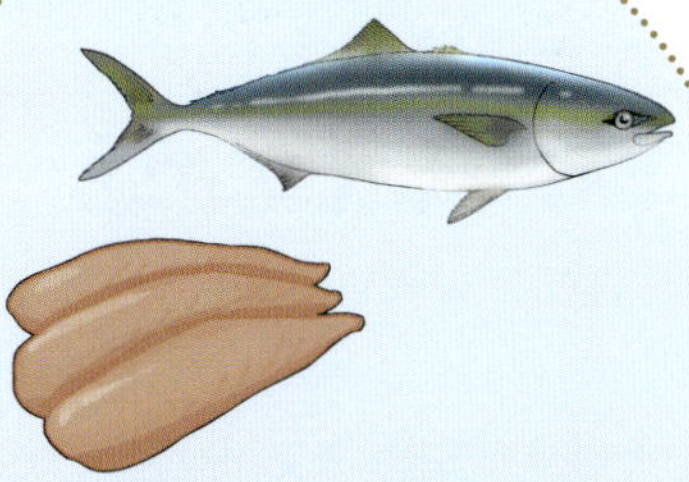

イミダペプチド

疲労回復効果があり、疲労しにくくなる成分として最近注目されています。

玉ねぎ、にんにくなど

アリシン

ビタミンB_1の吸収を助ける栄養素。ビタミンB_1＋アリシンの組み合わせ料理例の一つとして豚キムチがあります。

豚肉

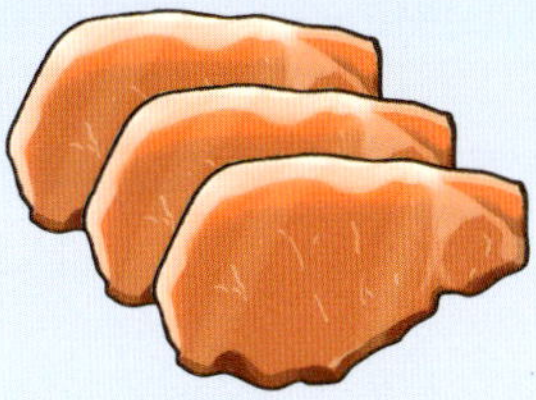

ビタミンB_1

豚肉のビタミンB_1量は牛肉、鶏肉の約８倍も。炭水化物をエネルギーに変える助けをします。スムーズなエネルギー補給になるため疲労回復をうながすといえます。

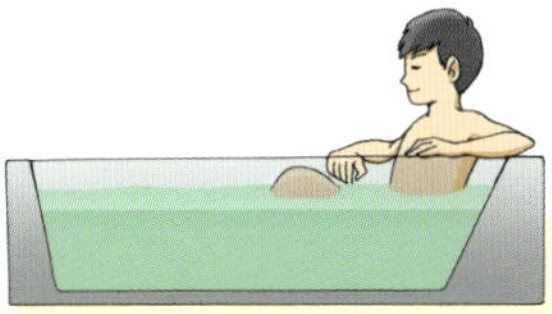

ぬるめで長めの入浴で疲労回復

ぬるめの温度のお風呂にゆっくりつかると、副交感神経が優位になり、リラックスします。さらに血行がよくなり、疲労物質が除去されやすくなります。40℃以下の温度に、20～30分つかるとよいでしょう。湯舟＋水のシャワーの交代浴もおすすめです。ただし、食事直後は消化不良を起こす可能性があるので、食事直後の入浴は控えましょう。

時短・困った時に

疲労回復のための おすすめ 食材&コンビニ商品

キーワード

ビタミンB_1＋アリシン
イミダペプチド

おすすめの食材

【豚＋ネギ類】

ビタミンB_1（豚肉）は炭水化物の代謝の潤滑油になるため、運動量の多い人は特に積極的にとっておきましょう(玄米もビタミンB_1が豊富です)。さらに玉ねぎ・ねぎ・にんにくのねぎ類はアリシンを多く含み、ビタミンB_1の吸収を良くしてくれます（豚キムチ・豚肉の野菜炒めなど)。

【鶏むね肉】

鶏むね肉やささみには、疲労回復効果が見込まれるイミダペプチドを多く含んでいます。脂肪分が少ない分、ちょっとした料理のひと工夫があるとおいしくいただけます。

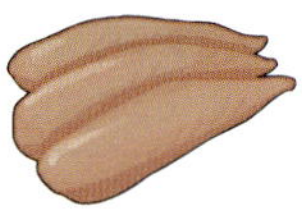

【ツナ缶】

回遊魚の尾の部分には、疲労回復効果があると最近注目されているイミダペプチドを多く含んでいます。ツナ缶は長期保存もできるため、便利な食材です。

【回遊魚】

カツオ・マグロ・サバなどは回遊魚であるため、やはりイミダペプチドを多く含んでいる食材です。肉と比べて低脂肪の物も多いため、夕食のおかずに登場させてみてはいかがでしょうか。

コンビニでおすすめ

【鉄火巻】

練習後のエネルギー補給にご飯、疲労回復（イミダペプチド）を期待してマグロという組み合わせ。酢飯の酢がスタミナアップにも貢献する料理です。

【棒棒鶏《バンバンジー》】

鶏むね肉やささみを使用しており、キュウリやトマトなどの野菜も入っているため、ビタミンCをとることもできるので、おすすめです。

555Kcal

カツオの山かけ丼

〈材料(4人分)〉

ご飯…200g×4
カツオ…240g
めんつゆ…80cc
おろしにんにく…少々
おろし生姜…少々
ごま油…小さじ1
すりごま…少々
大和イモ…300g
刻みのり…お好みで

〈作り方〉

❶ボウルにめんつゆ、おろしにんにく、おろし生姜、ごま油、すりごまを合わせ、漬け汁を作る。

❷カツオを刺身大に切り、漬け汁に約15分つける。

❸大和イモの皮をむいて、すりおろしとろろを作る。

❹ご飯を盛り、カツオを並べ、とろろをかけ、漬け汁を回しかける。お好みで刻みのりを飾る。

ラクラクアレンジ

マグロ・サーモン・タイなど刺身が余った時はつけ汁につけると次の日にもおいしくいただけます。

POINT

- 卵の黄身をのせてもおいしいです。
- 大和イモにはビタミンB_1が多く含まれ、疲労回復によい他、でんぷんの分解酵素を含むため、消化を助けてくれる食材です。

鶏のむね肉の粕《かす》漬け焼き

〈材料（４人分）〉

鶏むね肉…100g×4

粕床
- 酒粕…100g
- 味噌…65g
- みりん…お好みで
- 日本酒…少々

〈作り方〉

❶酒粕、味噌、日本酒を合わせてフォークでよく混ぜ、粕床を作る（板粕を使用する場合は、日本酒（分量外）に一晩つけて味噌位の硬さにしてから味噌と合わせる）。甘めが好みの場合は、みりんを少量加えるとよい。

❷鶏むね肉を厚めのそぎ切りにする。

❸保存容器またはビニール袋に、粕床＋鶏むね肉を入れて、冷蔵庫で最低でも一晩漬け込む。

❹グリルで、両面を弱火で焼く。フライパンを使用して、ホイル焼きにしてもOK。

POINT

- 酒粕に含まれる酵素がたんぱく質を分解し、旨み成分のグルタミン酸が増えます。
- 脂肪分が少ない肉や魚も、酵素の働きでやわらかくおいしくいただけます。

豚キムチ丼

〈材料（４人分）〉

ご飯…200g×4
豚もも肉…400g
白菜キムチ…300g
ごま油…小さじ1
醤油…小さじ1
いりごま…適量
万能ねぎ…適量

〈作り方〉

❶豚肉とキムチを適当な大きさに切る。

❷フライパンで豚肉を炒め、肉の色が変わったらキムチを入れてさらに炒める。

❸仕上げにごま油と醤油を鍋肌から回し入れて、混ぜる。

❹ご飯の上に❸を乗せ、お好みでいりごまと万能ねぎをのせる。

POINT

- キャベツやもやしなどの野菜を入れてもいいです。
- 温泉卵をのせるとおいしいですし、たんぱく質アップになります。

162Kcal

292Kcal

バンバンジー

〈材料(４人分)〉

鶏むね肉(皮なし)…200g
酒…大さじ1
きゅうり…1本
ごまドレッシング…80cc
トマト…1個
もやし…100g

〈作り方〉

❶耐熱皿に鶏肉を乗せ、所々にフォークで穴を空け、酒をまぶす。ラップで覆い、電子レンジで約３分30秒加熱する。

❷鶏肉をひっくり返し、さらに電子レンジで約２分30秒加熱する。鶏肉から出た肉汁は捨てずにとっておき、ごまドレッシングと混ぜておく。

❸鶏肉を1cm幅に切り分ける。

❹トマトは輪切りに、きゅうりは細切りにする。もやしは茹でておく。

❺皿に❹と❸をのせ、上からドレッシングをかける。

POINT

●鶏むね肉は脂肪分が少ない分、パサパサしているので、なるべく細く切って野菜と一緒に食べるとよいでしょう。

サバの味噌煮

〈材料(４人分)〉

サバ…４切れ
生姜…1片
水…150cc
酒…100cc
砂糖…大さじ３
赤味噌…大さじ４
長ねぎ(白い部分)…適量

〈作り方〉

❶サバの皮に×状に切れ目を入れ、熱湯をかける。

❷生姜は薄切りにする。

❸フライパンに水、酒、砂糖を入れて煮立たせ、❶と生姜を入れて落しふたをし、煮立たせる(中火で７〜８分)。

❹サバに火が通ったら、味噌を溶き入れて弱火で２〜３分煮る。

❺皿に盛りつけ、白髪ねぎをのせる。

POINT

●生臭みをとるために熱湯をかけるのがポイントです。

●魚は煮すぎるとコラーゲンが外に出てしまい、パサパサになるので、中まで火が通ったら火を止めて味をしみこませるとよい。

試合前日

「カツ丼」より「親子丼」！

試合の前日のポイントは持久力を上げる食事（34ページ～）と同じ。
揚げ物は控えて、ご飯がたくさん食べられる料理がおすすめです。
だから、カツ丼よりも親子丼がよいのです!!

いよいよ本番！勝つために必要なのは!?

いよいよ、これまで積み上げてきたトレーニングの成果を試す時がやってきました！

緊張で眠れない選手もいるでしょう。食欲が落ちてしまうこともあるでしょう。

でも、試合だからと言って、特別なことをするのではありません。食事で気をつけるべき、ちょっとしたポイントはありますが、普段どおりの食事で、いつもの体調管理ができるのです。

大切なのは、あれもこれもしっかりやってきたから大丈夫！　と自信を持つこと。これが選手の気持ち（メンタル）を支えることになります。その一つが食事です。

そのためにも、試合前に初めて実行することは避け、練習前の補食は、試合直前の補食と位置付けて食べることが大切です。

試合前日の食事は主食を多く！

試合前日の食事では、主食を増やしておきましょう。

ご飯の量をいつもの1．5倍くらいに増やすのも一つですが、めん類＋ご飯と組み合わせるほか、かぼちゃやイモなど、炭水化物量の多い料理をプラスすると食べやすくなります。

デザートに油をあまり使用していない和菓子やフルーツゼリーを加えるのもよいでしょう。

油や脂肪分はなるべく控える

主食を多めにして、いつもより主菜量を少なくしましょう。そして、揚げ物は避けます。

鶏の唐揚げよりチキンソテー。カツよりポークソテー、カツ丼より親子丼のほうがおすすめです。

普段の食事

試合前日の食事

ドレッシングを
ノンオイルに
おかずを1品減らして
和菓子をプラス
主食を増やし、油を控える
揚げ物→照り焼きに
主食として
炭水化物を増やす

	普段の食事例	試合前の食事例
主食	玄米入りご飯 しらす干し入り納豆 梅干し	玄米入りご飯 しらす干し入り納豆 梅干し
汁物	すまし汁	すいとん汁（カボチャ、すいとん入り）
主菜	鶏のから揚げ	鶏の照り焼き
味がソフトなもの	ブリ大根	
副菜	サラダ（フレンチドレッシング）	サラダ（ノンオイルドレッシング）
乳製品	ヨーグルト	ヨーグルト
果物	オレンジ	オレンジ
デザート		みたらし団子

試合当日

特別なことをする必要はなく 基本は油を避け炭水化物を多く

試合直前のポイントは
「試合中にお腹が空きすぎない」「試合中にお腹が痛くならない」「動きやすい」です。
試合前だからと特別なものを食べるのではなく、食べなれたものがよいのです。

試合3時間前までにしっかりと食事を

試合当日の食事は、試合前日と同様、油の多く消化の悪いものは避け、炭水化物を普段より多く食べることです。試合開始時間に合わせて、3時間前までには「基本の食事」を終わらせましょう。

ウォーミングアップや試合と試合の間は……

試合中にお腹がすいてしまっては、試合に集中できません。空腹を我慢せず、エネルギー補給をしましょう。

試合直前や試合間に食べるものは、普段の練習前に食べている補食と基本的に同じです。普段のトレーニング前に食べるバナナ、おにぎりなどの補食が、試合直前、試合の間のエネルギー補給にもなります。

炭水化物には、腹持ちがよいものと悪いものがあります。「腹持ちがよい=消化吸収が緩やか」「腹持ちが悪い=消化吸収が速い」ということになります。

ゼリー飲料は腹持ちが悪い食べ物の代表です。その反面、試合直前のエネルギー補給に向いていると言えますが、普段の練習前におにぎりやバナナを食べているのなら、変える必要はありません。

ご飯＞パン＞シリアル＞ゼリー飲料という順で腹持ちが悪くなります。

試合日だから特別、ゼリーが必要ということはありません。暑くておにぎりが傷むのが心配だったり、おにぎりやバナナを手配することができない時に、ゼリーが登場すると考えておいたほうが、ジュニア世代には大切と考えます。

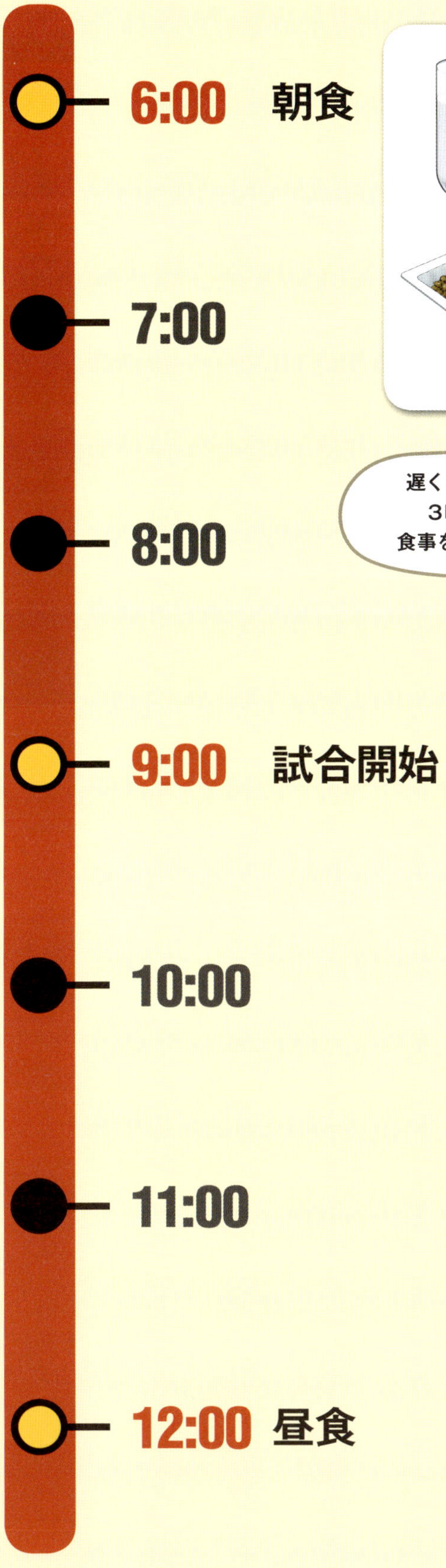
6:00 朝食
7:00
8:00
9:00 試合開始
10:00
11:00
12:00 昼食

遅くとも、試合開始
3時間前までに
食事を終わらせておく

午前9時に試合なら午前6時に朝食

「基本の食事」を、試合の3時間前までに終わらせることが大切です。この食事は、前日の食事と同じように、炭水化物を普段より多く食べることがポイントです。

9時に試合開始であれば、6時に朝食を食べておきましょう。普段から朝食を食べる習慣がなければ、十分消化することができません。

朝からしっかり胃腸が働き、消化できる力は、1日や2日でつくものではありません。だからこそ、普段からしっかり朝食を食べる習慣を身につけておくことが重要です。

午後1時から試合がある場合

13時に試合開始であれば、3時間前は午前10時ということになります。この時間に朝食を食べるのではなく、普段と同じ時間に朝食を食べ、さらに、試合3時間前に少し多めの補食をとりましょう。そうしないと、試合中にお腹がすいてしまいます。

7:00 朝食

8:00

9:00

10:00 試合前の食事

11:00

12:00

果物は
炭水化物が多い
バナナがおすすめ

13:00 試合開始

試合前3時間の食事例

ご飯と少しのおかず、うどん・磯辺もち・バナナなど、炭水化物を中心にエネルギー補給をしましょう。

10:00 試合開始

適した食品を
適した量で

11:00

12:00

1日に複数回試合がある場合

13:00 試合開始

14:00

15:00

16:00

試合と試合の間が詰まっていて、３時間確保できないという場合もあるでしょう。その場合は、消化のよい（つまり油脂類が少ない）、炭水化物を食べてエネルギー補給をしましょう。

特別ゼリー飲料を用意して飲む必要はありません。普段、トレーニング前に食べている補食内容とその量がその子にとって、適した食品、適した量と言えます。バナナ、おにぎり、焼きもち、サンドイッチ、パン、和菓子など、脂肪が少なく炭水化物が多い食品をよくかんで食べましょう。

明日の試合に向けて体調、メンタルも整えよう

落ち着いた気持ちで試合に臨めるように

試合に向けて、やはり最終的に気になることは、メンタル面についてでしょう。

大切なのは、試合に落ち着いた気持ちで臨むことです。

「これもやったし、あれもやった。だから最高のパフォーマンスを発揮できる！」

という自信に満ちあふれた気持ちになれる準備をしておくことが大切です。

普段の食事はもとより前日や試合当日の食事を整えることも、そうした気持ちを作るために役立つと言えます。

トップアスリートによっては、試合前日であっても普段と変わらず過ごす方もいらっしゃいますし、逆にさまざまな決まりごとを持っている方もいます。

その例をいくつか紹介しましょう。

トップアスリートが試合前日にやっていること

- 試合前日の睡眠時間は７時間に決めている。
- 試合開始時間から逆算して睡眠（就寝）時間を決める。
- 試合前日から水分を多めにとる。
- 試合前日の夕食は魚を食べる。
- 試合前日の夕食は食べすぎない。
- 就寝時に試合当日の流れをイメージしておく。
  （起床→朝の準備→朝食→集合→会場入り→入場→試合……等）

Point

試合前日の過ごし方にしても、試合前に食べる補食にしても、ジュニア期はいろいろ試してみることが大切です。試合中のパフォーマンスとすり合せながら、高校を卒業する頃には自分なりのスタイルを確立するとよいでしょう。

column

選手のメンタルを支えるのは？

80ページでは、ジュニアアスリート世代では､いろいろな方法を試して、試合に臨むための自分のスタイルを探して欲しいという話をしました。

ここで、大切なことがもう一つあります。

それは、自分のスタイルができてきたとしても、そこにとらわれすぎないということです。たとえば、自分にとっての勝負食はこれ！　というものが決まったとしても、環境によってはそろえられないこともあります。

その時に不安な気持ちにならないように、状況に応じて「○がないなら●にしよう」と、臨機応変に対応できることが大切です。

そうなるには正しい情報、体験を積むことが大切です。毎回の練習を、試合と似た緊張感で実施することも大事なポイントですよね。

いつもの練習、いつもの食事でのちょっとした心構えの積み重ねが、試合でのメンタル面のサポートになることは間違いありません。

また、トップアスリートを指導しているコーチの中には、試合時の補食（おにぎり、はちみつレモン、磯辺もちなど）を手作りし、選手に渡すということをしている方もいらっしゃいます。

試合前の緊張の中、選手はその補食をコーチの愛情メッセージと感じ、試合で落ち着いてがんばることができるそうです。

親御さんが用意する試合前日、試合当日の食事にも、そのような励ましの意味があるのではないでしょうか。

監督、コーチ、保護者の誰からであっても、そういった方法での後押しが、最後には重要になってくると感じています。

補食とおやつ

補食、おやつは食事の一環と考えましょう。

3食＋補食でトータルのエネルギー量に

たくさん体力を使う人が休憩を兼ねて、3食の合間にエネルギー補給できる物を食べる……それが、本来のおやつの目的です。

さらに幼児期は、1回に食べられる食事量が限られるので、3食では十分な食事量がとれません。そのため、おやつを食事の一部と考えることが重要です。

ジュニアアスリートの場合も、考え方は同じです。

運動をしているから、主食を中心に食事量を増やしたいけれど、3度の食事では必要量を食べられないという方もいらっしゃるでしょう。

そこで、おやつというより、食事の一環として「補食」をとり、合計で1日に必要なエネルギー量をとれるようにすることが大切です。

おやつの考え方

「おやつ」に何を食べていますか？

基本的に、食事の一部になるもの、つまり、5つの要素に入るものがよいのですが、食事では「主食＋主菜＋副菜」、おやつには「乳製品や果物」と分けて考えることも一つの方法です。

牛乳とあわせてミルクジュースにしたり、フルーツヨーグルトはよい例ですね。

また、お腹が空いている場合や、トレーニング前の補食であれば、おにぎり、ホットドッグ、フレンチトースト、蒸しパン、焼きイモなど、炭水化物を多く含むものがおすすめです。

おやつの食べすぎが気になる場合でも食事の一部になるものであれば、余り心配しなくてもよいですね。ちなみに補食の目安エネルギー量は1日のエネルギー量の10～15％です（小学生なら約200～250kcal、中学生なら約300kcal）。

補食、おやつにおすすめの食材

主食の一部として

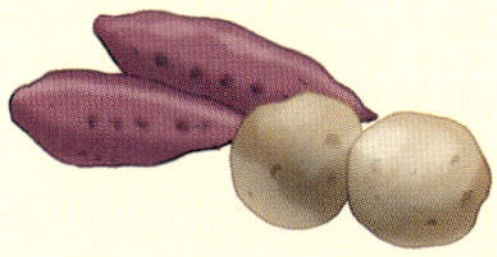

おにぎり、サンドイッチなどの
そう菜パン、イモ、とうもろこし

果物

バナナ、オレンジなどの
かんきつ類

乳製品

牛乳、ヨーグルト
チーズ

お菓子はこれだけで 100kcal

チョコレート
6～7粒

ポテトチップス
20g

ジュース
200mℓ

だんご
1本

パンを選ぶ時の注意点

「パンを補食に食べた」というと、みなさんはどんなパンを想像しますか？
パンによって含まれている栄養素は全く異なります。

商品の裏側に記載されている栄養表示をチェックしてみましょう

菓子パン VS 揚げパン

Point たんぱく質が多く、脂質が少ないパンを選ぶ

	クロワッサン	クリームパン	メロンパン	カレーパン
エネルギー（kcal）	224	224	342	294
たんぱく質（g）	4.0	8.2	9.8	9.2
脂質（g）	13.4	8.7	13.0	16.0

パンの中では脂質は少ないですが
おにぎりと比較すると多いですね

〈参考〉

	梅おにぎり
エネルギー（kcal）	152
たんぱく質（g）	3.1
脂質（g）	0.6

菓子パン、揚げパンには要注意

デニッシュ系のパンや菓子パン、そして揚げパンは、脂質が多いため、補食としての優先順位は低くなります。脂質1gは9Kcalとエネルギー量が高いため、少量でもおなかがいっぱいになり、メインの食事をじゃましてしまう可能性が高まります。

代替になるものを知っておこう

優先順位の低いもの（お菓子やジュース）を食べたがる時に…

よくないとわかっていても、スナック菓子などのお菓子やジュースが大好きで、どうしてもやめられない、というお子さんもいるでしょう。

まずは食事代わりとなる補食となるものを食べてから、お菓子を食べるようにすれば、お菓子の量を減らすことができるのではないでしょうか。

また、どうしてもやめられないお菓子のかわりに、似たような味や食感の別の食べ物を用意しておきましょう。

「これは子どもが食べたがるけど、食べさせるべきではない」というおやつは、そのお菓子の代わりになる別の代替食品を探してみましょう。

Point

代替食品のポイントは、スポーツ食の５つの要素のひとつであることです。

お菓子の代わりになるものの例

ケース 1

暑い日には、アイスクリームを食べたい

冷凍バナナがおすすめ。

アイスキャンデーがわりに食べられる補食です。

フローズンヨーグルトがおすすめ。

ヨーグルトを凍らせてフローズンヨーグルトに。手を加えるのであれば、プレーンヨーグルトを水きりしてから凍らせると濃厚になります。ペーパーフィルターを使って冷蔵庫の中でしばらく水きりしてから凍らせるとアイスクリームにより近い味わいになります。

ケース 2

パリパリとポテトチップスを食べたい！

野菜チップスがおすすめ。

最近は、油を利用せず、レンジで簡単に野菜チップスを作れるツールもあります。

バナナケーキ

〈材料(4人分)〉

ホットケーキミックス…200g
卵…2個
牛乳…160cc
ココア…大さじ2
バナナ…2本

〈作り方〉

❶ホットケーキミックスに卵・牛乳・ココアを加え、混ぜる。

❷バナナを粗く切り、❶に加える。

❸耐熱の深めの容器に❷を流し入れ、電子レンジで2分加熱する。

POINT

●バナナの甘みがあるため、砂糖不使用でも十分おいしい補食です。

フレンチトースト

〈材料(4人分)〉

フランスパン…160g
卵…2個
砂糖…20g
牛乳…150cc
バニラエッセンス…少々
シナモン…少々
バター…15g
はちみつ…大さじ4

〈作り方〉

❶フランスパンを2cmの厚さに斜めに切る。

❷ボウルに卵、砂糖、牛乳、バニラエッセンス、シナモンを入れて、フォークを使ってよくかきまぜる。

❸❶を❷の中に入れ、よく浸す。

❹熱したフライパンにバターを入れ、❸を両面焼く。

❺はちみつをかけてできあがり。

POINT

●食パンでもおいしくできます。

サツマイモのオレンジ煮

〈材料（４人分）〉

サツマイモ…1本（250g）
レーズン…10g
100%オレンジジュース…200cc

〈作り方〉

❶サツマイモをよく洗い、クッキングシートに包み電子レンジで1分加熱後、解凍モードで約10分加熱する。

❷皮ごと1㎝の輪切りにする。

❸ホーロー鍋にオレンジジュース、レーズン、❷を入れ、落としぶたと鍋ぶたをして10分弱火で煮る。

POINT

- サツマイモは加熱方法により甘味が異なります。イモの中心温度が65℃〜75℃になるともっとも麦芽糖が多く作られて甘味が出ます。
- 電子レンジを使用せずにオレンジジュースで煮るだけでもおいしくできますが、上記の作り方だと、より甘く仕上がります。

そば粉のガレット

〈材料（４人分）〉

そば粉…50g
塩…ひとつまみ
卵…1個
牛乳…100cc
炭酸水（または水）…100cc

バター…適量
ハム…8枚
卵…4個
ほうれんそう…120g
溶けるチーズ…20g
ケチャップ…お好みで

〈作り方〉

❶ボウルにそば粉、塩、卵、牛乳、炭酸水（または水）を入れて混ぜ、15分ほど休ませる。

❷熱したフライパンにバターを溶かし、❶を流し入れ、薄く広げる。

❸表面がフツフツとして周囲が乾いてきたら裏返し、弱火にする。

❹ハム、卵、ほうれんそう、チーズをのせて、ふたをし、卵が好みの硬さになるまで蒸し焼きする。

POINT

- そば粉のクレープ（ガレット）はちょっとしたおやつとしてもおいしいです。

番外編

監修者 河谷彰子先生に聞く

こんなときはどうする？ 食事に関するQ＆A

おいしすぎる危険な商品が世の中にあふれています。
どれを食べるべきか、食べるべきでないのか？
プロの目で厳しくチェック、選び方の基準をレクチャーします。

コンビニや外食とどうつきあう？

野菜が不足した時は その分を後で 補いましょう

コンビニ食や外食のメニューでは、野菜が不足しがちになります。

コンビニや外食で食事をすませてしまった日には、帰宅してから野菜をたっぷり食べてビタミン不足を補いましょう。

体脂肪に注意するなら 脂肪量が少ない食品を 選びましょう

同じような商品でも、含まれている栄養成分が異なるケースがよくあります。エネルギー量の表示をチェックするだけでなく、たんぱく質量が多い商品を選んだり、脂肪量が低い商品を選ぶようにしましょう。

コンビニで選ぶなら、おにぎり

おにぎり1個 100g
エネルギー量 168kcal
脂肪量 0.3 g

✕ 棒（バー）状の栄養食品
焼き固めるために、
どうしても脂質量が多くなる

外食先で

エネルギー表示を行っているレストランも多いので、栄養成分表示をチェックしましょう。調理方法から脂質を抑えたメニュー（エネルギーが少ない）を選ぶのも一つの手です。

脂質多い順
揚げ＞炒め＞焼き＞蒸し・茹で

脂質の多い順
フライ＞天ぷら＞から揚げ＞素揚げ

ファストフードを利用する場合、揚げ物であるポテトは小さいサイズにしたり、飲み物を牛乳にするとよいでしょう。

ファストフードのメニュー選びで脂質を抑えようとするのはなかなか難しいことです。

頻度や食べるタイミングに気を付けて、帰宅後に野菜をとるようにするなどのフォローも大切です。

清涼飲料水と上手につきあうには？

炭酸飲料も、100％果汁のジュースも糖分は同じ

炭酸ジュースを飲むことを禁止しているご家庭もあるでしょう。

しかし、エネルギー量や砂糖量の観点から言えば、炭酸ジュースも、100％果汁のジュースも同じなのです。

炭酸ジュースを禁止するなら、ジュース全般を禁止したほうがよいのでは？と感じます。

たまに飲んでもコップ一杯と決めておくのもよい方法

お腹が空いた時に清涼飲料水などの砂糖でエネルギー補給をすると、急激に血糖値が上がり、その後、急激に下がります。この上がり下がりは、情緒不安定、倦怠感、集中力低下、キレやすい、などにつながると言われています。

暑い時期に水分補給は大事ですが、水分補給のつもりが糖分補給にならないようにしましょう。ジュースは、飲むことがあっても、ボトルで飲まず、コップ1杯までと決めておきましょう。

●清涼飲料水 500ml あたり

清涼飲料水の場合、炭水化物量のほとんどが砂糖量です

	エネルギー量（kcal）	たんぱく質（g）	脂質（g）	炭水化物（g）
炭酸飲料	230	0.5	0.0	57.0
100％果汁ジュース	210	3.5	0.5	53.5
30％果汁ジュース	205	1.0	0.0	50.0
スポーツドリンク	95	0.0	0.0	25.0

大人に必要な砂糖量は１日に約 10g。500ml のジュースには、５日分もの砂糖量が含まれていることになります。

サプリメント・プロテインと、どうつきあう？

ジュニアアスリートにサプリメントは必要ない

ドラッグストアなどに行くと、たくさんのジュニア用の栄養補助食品が販売されています。現在、子どもの約1割が、サプリメントや健康食品を使っているというデータもあるほどです。

けれど、ジュニアアスリートにとって、プロテインをはじめとするサプリメントが必要な状況はないと考えています。エネルギーや栄養素はバランスのよい食事で十分補えます。

市販されているサプリメントの多くは、科学的検証が不足しているものも多く、身体の機能が未発達の子どもが、サプリメントをとると、腎機能や肝機能に障害が出る恐れもあるため、心配な点も多いです。

サプリメント・プロテインの弊害

- 食への意識は高まらない
- 食欲が満たされない
- 過剰にとりすぎる場合がある
- お金がかかる
- 薬の服用をしている場合、医薬品の作用を増強させたり弱めたりする可能性も

サプリメントが必要な場面とは？

- 食欲が低下してしまい、どうしても食事が食べられない時
- 発熱などでエネルギー消耗が大きい時

サプリメントの前に食事が大切

パフォーマンス向上を期待して、サプリメントやプロテインに頼りたくなる気持ちはわかりますが、欧米諸国ではサプリメントがパフォーマンスに有利に働くという科学的な証拠はないとされています。

プロアスリートであっても、サプリメントをとっていない方は多いですし、とっていたとしても、年中ではありません。必要に応じて、とったりやめたりしています。

サプリメントやプロテインを飲む前に整えるべき環境はないか、見直してみませんか？

おわりに

「子どもの体型が平均的でなくて心配」と相談にみえる親御さんがいらっしゃいます。親御さんは、なんとか食事面で改善したいと思って相談にみえるのです。

先日、興味深い調査結果を目にしました。

厚生労働省による調査で子どもの肥満度、やせ気味度を調べたところ、「間食を食べる頻度は、肥満と普通の体型で、男女とも、大きな差は見られなかった」とありました。子どもの体型に、間食自体が大きな影響をおよぼしているわけではないようです。

お子さんが痩せている場合には、「3食とも小食ではありませんか？」と質問しています。

小食にはいろいろな理由がありますが、食に興味がないお子さんの場合は、「食べるとよい理由を伝えてみましょう」と提案しています。食事を楽しんで食べていない場合は、「お母さんが食事中に小言を言っていませんか？」と尋ねます。つまり、食事内容より先に、食事環境を見直します。

また、小学校5年生ともなると、容姿も気になる年頃。間違ったボディーイメージを持っていたり、誤った健康情報に惑わされていないか、という点も気になります。大人でも誤った情報をそのまま受け取っている方も多いのですから、子どもたちの認識が間違ってしまうのも当然かと思います。

お子さんの体型を、「遺伝では？」と心配される親御さんも多いです。遺伝の影響もないとはいえませんが、その前に整えるべき環境があるのではないでしょうか。

また、さきほどの調査では、子どもの肥満度と保護者から見た子どもの日常生活での悩みでは、肥満体型の子どもの保護者は、「体を動かして遊ぶことが少ない」「食生活に関する事（バランス・量・好き嫌いなど）の悩みがある」という回答が普通の体型の子どもの保護者の倍ほどもありました。

この調査では、3食の食事量については触れられていないので何とも言えませんが、これは明らかに、外遊びやスポーツと食事のエネルギーバランスが悪いことを示していると思います。

子どもたちには、体を動かす機会として体育の授業がありますが、それだけではスポーツの楽しさを伝えて継続した運動習慣を身につけるには不十分です。スポーツが苦手なお子さんと一緒に運動するのが難しい場合でも、親御さんが楽しく体を動かしていれば、子どもたちの「やってみよう！」という気持ちをくすぐるのではないでしょうか？

その点で、今、大好きなスポーツを楽しんでいるお子さんはとても幸せだと思います。

トップアスリートには、第2子以降がなりやすいという話がありますが、それは、年上の兄弟と一緒に練習する（遊ぶ）からという理由が考えられます。「負けたくない！」「一緒に遊びたい！」など、いろいろな子どもの心情がうかがえますね。「8歳までに経験のあるスポーツは、大きくなっても上達が早い」と言われています。これは、神経の発達と密接な関連があります。

家族でのハイキング、友だちとの公園での鬼ごっこ、逆上がりができるように奮闘した日々など、私自身も、さまざまな運動にまつわる思い出があります。楽しい思い出も、悔しい思い出も、今の私の運動習慣の礎になっていると感じています。

子ども時代の運動体験は、一生の宝物。子ども達の健やかな成長と、スポーツのトレーニング効果を後押しするという両面で、この1冊が何らかのお手伝いになれば幸いです。

河谷彰子

	エネルギー	たんぱく質	脂質	炭水化物	カルシウム	鉄
	kcal	g	g	g	mg	mg
パンプキンシチュー	372	15.5	21.7	28.8	160	0.8
チヂミ	83	3.9	1.7	12.2	109	0.6
肉巻き野菜	315	16.9	22.7	6.9	38	0.6
石焼ビビンパ	491	14.6	10.3	81.0	82	2.2
タコライス	573	21.0	14.1	86.4	167	1.9
ドライカレー	474	13.6	6.5	87.0	51	1.3
ガスパチョ	142	3.1	7.1	18.8	33	0.8
冷やしサラダうどん	541	22.5	6.9	93.2	86	1.9
水餃子	130	5.4	4.9	16.5	30	0.8
カツオの山かけ丼	555	24.3	5.6	98.2	30	1.9
豚キムチ丼	609	26.9	17.2	80.8	54	1.3
鶏むね肉の粕漬け焼き	210	20.8	12.2	2.2	14	0.7
サバの味噌煮	292	23.2	13.1	12.7	35	1.9
バンバンジー	162	13.2	9.0	6.2	18	0.4
フレンチトースト	279	8.4	7.8	43.7	78	0.9
バナナケーキ	296	9.1	6.7	51.3	113	1.1
そば粉のガレット	291	20.3	17.4	11.6	208	2.4
サツマイモのオレンジ煮	71	0.8	0.1	17.3	20	0.3

●掲載レシピ　栄養価計算表

各レシピ内で色がついている箇所は
特に多い栄養素を示しています。

	エネルギー	たんぱく質	脂質	炭水化物	カルシウム	鉄
	kcal	g	g	g	mg	mg
鉄分強化ハンバーグ	295	22.6	17.5	9.4	32	2.9
イモもち	161	1.9	3.3	29.5	6	0.5
ひじきサラダ	83	3.1	6.6	4.2	58	2.0
五色丼	512	20.2	9.3	82.2	48	2.0
磯辺もち	138	2.8	1.3	27.8	6	0.2
バナナジュース	263	8.3	7.9	43.4	229	0.5
イワシのつみれ汁	240	13.4	7.8	44.3	96	2.4
チキンミルクロール	240	32.2	3.7	18.1	226	0.9
ピリ辛ねぎ奴	107	4.5	5.5	10.7	52	0.7
サンマの生姜煮	532	28.6	36.9	8.8	52	2.3
カルシウムたっぷりふりかけ	50	4.7	2.2	2.3	184	1.3
トマトと枝豆のスクランブルエッグ	119	8.9	6.5	6.0	43	1.5
牛丼	598	21.6	13.8	89.4	31	1.5
低脂肪ハンバーグ	204	12.5	12.3	9.4	63	1.4
ささみもっちりあんかけ	317	28.7	1.6	44.6	39	0.9
メカジキのカレームニエル	233	19.3	12.3	8.8	13	0.9
サケのホイル焼き	176	24.3	6.4	6.2	38	1.3
ささみのつみれ鍋	174	27.0	2.5	11.1	89	1.6
ミネストローネ	196	5.9	4.3	35.9	55	1.3

監修者プロフィール

管理栄養士　河谷彰子

Akiko Kawatani

日本女子大学家政学部管理栄養士専攻卒業、筑波大学大学院体育研究科コーチ学専攻卒業。現在はフリーの管理栄養士として、日本ラグビーフットボール協会セブンズアカデミーや立正大学ラグビー部のほか、Jリーグのサッカー選手をはじめ、サッカー・ラグビー・自転車競技等の種目のジュニア世代からプロアスリートまでサポートしている。慶應義塾大学非常勤講師。

企画・編集ディレクター／編笠屋俊夫

進行／中川通、渡辺塁、牧野貴志

編集／株式会社レッカ社
　　　斉藤秀夫、滝川昂

ライティング／戸塚美奈

デザイン／小林彩子（flavour）

イラスト／中山けーしょー

スタイリング／渡邉未央、藤本有希子

カメラマン／魚住貴弘

オペレーション／アワーズ

プロデュース／株式会社ゼロ社
　　　　　　　織田直幸

読者のみなさまへ
本書の内容に関する問い合わせは、
お手紙かメール（info@TG-NET.co.jp）にて承ります。
恐縮ですが、お電話でのお問い合わせは
ご遠慮くださいますようお願い致します。

小・中学生のための
勝てる！強くなる！
スポーツ選手の栄養満点ごはん

平成26年10月10日　初版第1刷発行

監　修　河谷彰子

発行人　穂谷竹俊

発行所　株式会社日東書院本社
〒160-0022
東京都新宿区新宿2丁目15番14号　辰巳ビル
TEL：03-5360-7522（代表）
FAX：03-5360-8951（販売）
URL：http://www.TG-NET.co.jp

印刷・製本／共同印刷株式会社

ISBN978-4-528-01019-2　C2077